2021年度辽宁省社会科学规划基金（高校思政专项）一般项目"新时代研究生思政课实践教学模式探究"，项目编号：L21BSZ062。

·马克思主义研究文库·

新时代理论自信问题研究

孙洪波 ┃ 著

光明日报出版社

图书在版编目（CIP）数据

新时代理论自信问题研究 / 孙洪波著 . -- 北京：
光明日报出版社，2024.1
ISBN 978 - 7 - 5194 - 7149 - 1

Ⅰ.①新… Ⅱ.①孙… Ⅲ.①中国特色社会主义—理
论研究 Ⅳ.①D616

中国国家版本馆 CIP 数据核字（2023）第 066036 号

新时代理论自信问题研究
XINSHIDAI LILUN ZIXIN WENTI YANJIU

著　　者：孙洪波

责任编辑：杜春荣　　　　　　责任校对：房　蓉　乔宇佳

封面设计：中联华文　　　　　责任印制：曹　净

出版发行：光明日报出版社

地　　址：北京市西城区永安路 106 号，100050

电　　话：010-63169890（咨询），010-63131930（邮购）

传　　真：010-63131930

网　　址：http://book.gmw.cn

E - mail：gmrbcbs@ gmw.cn

法律顾问：北京市兰台律师事务所龚柳方律师

印　　刷：三河市华东印刷有限公司

装　　订：三河市华东印刷有限公司

本书如有破损、缺页、装订错误，请与本社联系调换，电话：010-63131930

开　　本：170mm×240mm

字　　数：191 千字　　　　　　印　　张：12.5

版　　次：2024 年 1 月第 1 版　　印　　次：2024 年 1 月第 1 次印刷

书　　号：ISBN 978 - 7 - 5194 - 7149 - 1

定　　价：85.00 元

前　言

习近平在庆祝建党95周年时指出"坚持不忘初心、继续前进，就要坚持中国特色社会主义道路自信、理论自信、制度自信、文化自信"①。在"四个自信"中，理论自信是思想基础，它不仅能够让一个国家和政党勇于保持自我，更能使其在时代变革中从容面对世界。当今世界正处于百年未有之大变局，世界局势风云变幻，思想领域并非风平浪静。随着中国的崛起，各种"威胁论"、对中国的诋毁和"污名化"甚嚣尘上。这些论调侵蚀党的肌体，腐蚀党的干部，同化党员群众。如果理论自信不坚定，就会迷失方向，甚至封闭僵化、改旗易帜。而要坚定理论自信，就必须要弄清楚理论到底有多重要。理论自信的根据在哪里？为什么要增强理论自信？怎样增强理论自信？这些都是需要我们迫切回答的现实问题。

本书通过文献分析、历史与逻辑相统一、分析与综合相统一等方法，对中国共产党理论自信问题进行探究。按照"何为理论自信、理论自信何以可为、理论自信何以能为、理论自信何以作为"这样一个思路展开探讨。首先，坚持论从史出的原则，按照历史演进的逻辑，从马克思主义理论的科学性、人民性、实践性和发展开放性上客观分析了中国共产党理论自信的思想渊源，阐释了理论本身的真理性和科学性是理论自信最深厚的思想基础。其次，总结了中国共产党理论自信的实践成效及基本经验。指出始终坚持马克思主义的指导地位，始终把握社会主义的发展方向，始终植根于社会主义伟大实践，始终紧跟时代不断进行理论创新是中国共产党

---

① 习近平.在庆祝中国共产党成立95周年大会上的讲话［M］.北京：人民出版社，2016：12.

理论自信的基本经验。再次，指出中国共产党坚持理论自信面临的"三大"机遇和挑战，即面临着全球金融危机对西方价值观影响力的打击、中国奇迹增强了中国人的自信心、世界范围内社会主义运动新发展的"三大"机遇；面临着复杂多变的国内外环境、党的"执政、改革开放、市场经济、外部环境"的考验和"精神懈怠、能力不足、脱离群众、消极腐败"的危险、国内社会阶层利益固化和分化的挑战。最后，提出了新时代中国共产党增强理论自信的基本原则、总体要求和具体途径，即新时代中国共产党增强理论自信必须坚持党的领导、坚持问题导向、坚持人民主体向度，既要立足中国又要面向世界，在解决现实问题中与马克思主义中国化、时代化、大众化相结合，在加强理论的自我觉察、自我认同和自我创新的同时，加快构建中国特色哲学社会科学，从"党的建设、文化自信、理论认同培育、实践支撑、国际影响"的"五位一体"布局中形成增强理论自信的整体合力。总之，本书在理论自信的思想基础、面临的机遇与挑战以及实现理论自信的路径方面提出了具有一定前瞻性的观点，对增强党的理论自信问题进行了创新性探索。

目　录
CONTENTS

第一章 绪论

"道路自信、理论自信、制度自信和文化自信"是一个有机统一整体，既相互独立又相辅相成。理论自信是"四个自信"的灵魂，发挥着思想引领作用。中国共产党是中国特色社会主义事业的领导核心，承担着民族复兴的历史重任，中国共产党理论自信与否，直接关系到社会主义事业的兴衰成败，关系到人民的幸福安康，关系到民族复兴使命的实现。因此，深入研究中国共产党理论自信问题，了解中国共产党理论自信的历史来源和思想基础，探析中国共产党理论自信的现实依据和机遇挑战，总结中国共产党理论自信的基本经验和实践路径，具有极其重要的理论意义和现实价值。

第一节 选题依据及研究意义

一、选题依据

十九大报告指出，"经过长期努力，中国特色社会主义进入了新时代"①。"全党要更加自觉地增强道路自信、理论自信、制度自信、文化自信"②。这也就是说，在进入新时代这一新的历史方位上，中国共产党经过一百多年的建设、发展已然拥有了"四个自信"，也是"最有理由自信"的。但是，历史唯物主义的发展观告诉我们，任何事物都是变化发展的，这"四个自信"的拥有并不是一蹴而就、一劳永逸的，更不是自觉形成、自动增强的，"四个自信"

---

① 习近平.决胜全面建成小康社会 夺取新时代中国特色社会主义伟大胜利：在中国共产党第十九次全国代表大会上的报告［M］.北京：人民出版社，2017：10.

② 习近平.决胜全面建成小康社会 夺取新时代中国特色社会主义伟大胜利：在中国共产党第十九次全国代表大会上的报告［M］.北京：人民出版社，2017：17.

始终是一个从不自信到自信、从自信到更加自信的过程。因而，全党要更加自觉地、与时俱进地增强"四个自信"。

当今世界正处于百年未有之大变局，立足当前，面向未来，我们还要开展具有许多新的历史特点的伟大斗争，还需要不断应对国内外各种各样的风险挑战，这就需要中国共产党要与时俱进、更加自觉地增强"四个自信"，这关系到当代马克思主义中国化的理论与实践；关系到中国共产党如何坚定"四个自信"，实现中华民族伟大复兴；关系到中国共产党作为世界上最大执政党，中国作为世界上最大发展中国家，如何继续为人类和世界提供"中国智慧"和"中国方案"作出更大贡献；关系到国际共产主义运动历史进程中，如何处理好理论中国化与中国理论国际化的双向互动，继续坚持和发展马克思主义等理论与现实问题。只有不断坚定"四个自信"，自觉地增强"四个自信"，才能自觉抵制各种错误思想主张，始终坚持和发展中国特色社会主义，在实现中华民族伟大复兴的征程中坚定前行。

理论自信为道路自信提供理论支撑，为制度自信提供方向引领，为文化自信提供理性基石。如果理论自信不坚定，就会迷失方向，甚至封闭僵化、改旗易帜，就可能动摇我们业已选择的中国特色社会主义道路和中国特色社会主义制度。而要真正地坚定理论自信，就必须要真正地弄清楚我们为什么要增强理论自信。理论对于我们到底有多重要？我们为什么能够增强理论自信？增强理论自信的历史依据和现实依据在哪里？增强理论自信还面临哪些现实问题？怎样在新时代自觉增强理论自信？这些都是需要我们迫切回答的问题，也是本书选题的原因所在。深入研究和解读理论自信，对坚定"四个自信"起到方向性的指引作用。因此，本书着重研究在新时代中国共产党如何更加自觉地增强理论自信的问题。

二、研究意义

（一）具有重要的理论意义和实践价值

就理论来看，深入揭示理论自信的思想理论渊源，探究和总结理论自信的逻辑特点，把握其生成和发展的客观规律，挖掘理论自信的当代价值，这既是对一脉相承的马克思主义的生成发展规律的深刻阐释，也是对应用于实践中的中国特色社会主义理论现实价值性和真理性的深刻展现，更是对新时代中国共产党思想政治教育理论的拓展和创新。

就实践来看，理论研究既在理论本身又在理论之外，理论自信问题归根到底是一个实践问题。问题导向是研究理论自信问题的根本指向，围绕新时代中国共产党如何增强理论自信问题，找出切实可行的应对之策和解决办法，这必将会在全社会凝聚更加广泛的思想共识，形成社会主义现代化建设的磅礴伟力。

（二）具有历史意义和现实价值

就历史意义来讲，理论自信的产生、坚定和自觉增强是一个动态的历史过程。从历史的视角，深入揭示理论自信的历史来源，探究党的理论自信到底从何而来，进而弄清理论自信同党的建设、发展史的内在关联，阐明其同中国特色社会主义建设史的内在关联，同中华民族伟大复兴史的内在关联，以历史的眼光和视角来挖掘和探索这些内在逻辑和规律，重要意义不言而喻。

就现实价值来看，研究理论自信问题坚持问题导向，紧密结合现实情况，针对当前中国共产党增强理论自信所面临的新问题、新挑战有的放矢，呈现出鲜明的时代特色，这对于进一步理解、研究和贯彻党的十八大和十九大精神，特别是对于新时代全面深化改革，坚持社会主义市场经济改革方向，促进社会公平正义、增进人民福祉，破除各方面体制机制弊端，开拓民族复兴的宏大愿景，具有重要的现实意义。

（三）具有宏观意义和微观意义

就宏观意义来看，理论是武器、是方向，理论自信可以形成强大的精神力量，能够激励民族奋发向上，能够凝聚起国家的强大力量。这种力量不仅仅在精神上带动各民族团结一致，画出最大同心圆，形成最大公约数，而且会将这种精神力量转化为全中国14亿人民的强大实践力量，自觉投身到社会主义现代化建设事业中。有了这样强大的力量，实现伟大复兴的民族梦想就指日可待。

就微观意义来看，中国共产党作为理论自信的主体，它又是由一个个单独的个体来构成的，增强党的理论自信，必将会涉及个体理论信仰的明确、理想信念的追求和崇高信仰的坚定，必将会感染和带动每一个中华民族儿女自觉增强主人翁意识，在实现中华民族伟大复兴中自觉担当起时代使命和历史责任，使每一个个体在为实现崇高理想的艰苦奋斗中诠释生命的意义，实现自我价值，绽放人生光芒。

第二节　国内外研究现状述评

一、国内相关问题研究现状

从党的十八大提出要坚定道路、理论、制度"三个自信"以来，学术界包括宣传思想战线围绕"三个自信"展开广泛研究，其中不少学者围绕理论自信问题展开学术交流和探讨。党的十九大后，理论界对这一问题的关注更加聚焦，学术研究也如火如荼，国内从事马克思主义理论研究和教学的专家学者，包括一些著名的理论家都围绕理论自信问题纷纷撰文，形成了一系列的研究成果。可以说，关于理论自信问题的研究聚焦点已经初步显现。但系统梳理相关研究文献，分析学术研究成果，发现当前学术界对此问题的研究还比较分散，特别是在研究的视角和研究方法上还有待于进一步的拓展，现就国内关于理论自信的相关问题研究现状做一梳理。

（一）关于理论自信的内涵

学界围绕理论自信的内涵作了深入的研究和探讨，在内涵的界定上日益明朗，总体上看可以分为广义的理论自信和狭义的理论自信。

一是广义上的理论自信。广义的理论自信主要在哲学层面上进行了总体概括，普适性较强。学者黄明理等指出，理论自信是基于对一种主张或者对一种理论的坚持，是对理论的信念、信仰和信心的叠加。[①] 还有学者认为，"理

---

① 黄明理，徐青.论中国共产党人的理论自觉与理论自信［J］.理论探讨，2012（6）：115-119.

论自信，关键在于对理论的态度要理智、清醒，保持执着的追求和信仰"①。王树荫认为，"理论自信，是从理论的价值、理论的发展态势和理论的生命力三个维度来考量的。理论自信就是要肯定理论的价值，充分认识理论发展的良性态势，对理论生命力充满信心"②。程京武指出，理论自信要以理论自觉为前提和基础。③陈金龙认为，"理论自信是国家理论创新能力、理论发展水平的展示"④。张乾元、张珹认为，"从政党角度来讲，理论自信就是政党对自身信奉的理论的认可和坚守，其中也包括对理论生命力持有的信心和坚定的信念"⑤。杨光斌则认为，理论自信只能是源于独立自主，"不可能是'拿来'的、自发的，而只能是自主、有为的产物"⑥。马维振、王明生认为，"理论自信是对理论本身的价值及其生命力的充分肯定和坚定信念"⑦。陈曙光等认为，"理论自信，即理论上的成熟与坚定"⑧。从上述各位学者的观点可以得出，理论自信在广义上讲，其内涵具有一定的泛指特点，它对于自信的主体和客体并没有做明确的限定，对于主体的范围也涉及得非常广泛，可以是个人，可以是群体，可以是一个组织，也可以是一个国家、政党、民族，等等。从宏观概念上界定了理论自信是对某种理论、理想、观念、信仰等的一种执着追求和坚定追随。

二是狭义上的理论自信。从十八大提出理论自信这一概念以来，学界就将此问题纳入研究视野当中，对理论自信的内涵有了更进一步的关注、思考和解读。主要反映在对理论自信的主体、客体都有了更明确的指向，也就是

---

① 中国社会科学院中国特色社会主义理论体系研究中心.以高度的理论自觉与理论自信推进马克思主义理论创新［N］.光明日报，2012-07-11（1）.

② 王树荫.坚持中国特色社会主义理论自信［N］.中国教育报，2012-11-30（5）.

③ 程京武.增强理论自信的四个维度［J］.红旗文稿，2013（6）：25-26.

④ 陈金龙.关于道路自信、理论自信、制度自信的思考［J］.马克思主义研究，2014（2）：50-56，159.

⑤ 张乾元，张珹.马克思主义的理论自信及其底蕴［J］.江西师范大学学报（哲学社会科学版），2018（2）：9-13.

⑥ 杨光斌.理论自信源于独立自主精神［N］.人民日报，2016-08-23（7）.

⑦ 马维振，王明生.改革开放以来中国特色社会主义理论自信的内在逻辑［J］.马克思主义理论学科研究，2018（6）：93-104.

⑧ 陈曙光，杜利娟，陈雪雪.新中国70年与中国特色社会主义理论自信［J］.思想理论教育导刊，2019（9）：17-23.

确定了理论自信是"谁"对"什么"理论的自信。学界当中达成的一个普遍的共识即是，中国共产党是理论自信的重要主体，而这里所要自信的理论，主要是指中国特色社会主义理论体系。如学者黄桂英等提出，"理论自觉和自信的主体是政党，即政党对其坚守的理论的觉悟、觉醒和坚定信心"[①]。张苗苗指出，理论自信的内涵可以从两个范畴来解读，它既是对所信奉的"理论"的自信，也是对所信奉的主义的"理论自信"，把"中国特色社会主义"界定为理论自信的核心。[②] 王培洲认为，理论自信"就是对中国特色社会主义理论体系在知道、了解并充分认识基础上所建立的极大的自信心"[③]。黄明理认为，"理论自信不会自发养成，其产生需要在实践中、在理论的创新发展和为人民服务当中去被感知、被认可，进而坚定理论自信，理论自信必须以理论自觉为前提"[④]。唐土红认为，"理论自信是对中国特色社会主义理论的坚定信念和真诚肯定"[⑤]。马维振、王明生认为，"中国特色社会主义理论自信的生成需要有领导核心，需要以广大人民群众作为自信主体，这就是要坚持党的领导，充分依靠理论宣传，让人民群众认可理论，坚定理论自信"[⑥]。陈曙光等指出，"所说的理论自信，当然包括对经典马克思主义的自信，但最主要的还是对新中国成立以来的马克思主义中国化的一系列创新成果的自信"[⑦]。从上述学者的观点中可以看到，就政党作为理论自信主体来看，理论自信仍属于上层建筑的文化范畴，确定了主客体的理论自信更具有指向性，其内涵也更为深刻。

---

① 黄桂英，田克勤.中国共产党增强理论自觉和理论自信的历史经验［J］.高校理论战线，2013（1）：10-14.
② 张苗苗.中国特色社会主义理论自信：缘起、内涵与进路［J］.实事求是，2014（6）：13-16.
③ 王培洲.理论自信的概念生成及内在逻辑［J］.贵州师范大学学报（社会科学版），2015（1）：68-73.
④ 黄明理.中国特色社会主义的理论自觉与自信［N］.新华日报，2017-10-18（21）.
⑤ 唐土红.中国特色社会主义理论自信的阻滞性因素［J］.求索，2017（8）：54-60.
⑥ 马维振，王明生.改革开放以来中国特色社会主义理论自信的内在逻辑［J］.马克思主义理论学科研究，2018（6）：93-104.
⑦ 陈曙光，杜利娟，陈雪雪.新中国70年与中国特色社会主义理论自信［J］.思想理论教育导刊，2019（9）：17-23.

（二）关于理论自信的必要性和意义

学界围绕"理论自信何以必要？理论自信何以可为？"展开了研究和探讨，深入分析理论自信的必要性和理论自信的当代价值，形成了一系列的理论观点和见解。

一是理论自信的必要性。学者们的观点主要可以归纳为以下四个方面。第一，抵制错误思潮的需要，如抵制"以西解马""西方优势论"等理论他信倾向。王树荫认为，各种错误思潮会对当前中国进行的改革开放产生负面影响，对中国的改革开放举措产生误导、曲解甚至是质疑。增强理论自信，正是为了消除"西化""僵化"等错误思潮，制止各种噪声、杂音的干扰，保障改革开放顺利进行[1]，这需要以坚定的理论自信，去自觉抵制华丽包装下的种种错误思潮的误导，对国内理论界及部分群体、个人进行话语纠偏，从而巩固马克思主义的指导地位。另有学者指出，各种错误思潮如按其性质划分，可以分为西化和僵化两种。在这两类思潮中，前者是对西方盲从，倡导西方优越论，大力推崇要全盘西化；后者则与此截然相反，以教条主义的态度对待马克思主义，一切从本本出发，以老祖宗的话否定、质疑新话，以腔调一成不变的马克思主义反对改革开放。[2]无论是"西化"还是"僵化"，其本质上都是错误的。因而，当务之急是必须要强调理论自信。针对"理论他信"，李德顺指出，"理论他信的原因有很多，既有现实社会发展过程中不能及时解决的诸多矛盾所引起的，也有对马克思主义的科学性、真理性缺乏客观理性认识而导致的，抑或是习惯于用西方标准来衡量自身发展状况，进而背离了科学社会主义"[3]。王博指出，"以颜色革命为表象的民主化潮流，导致少数民众对本民族的文明、文化和理论成果缺乏认同，甚至是视而不见，盲目迷信西方的价值观念，夸大西方文明的先进性和普世价值"[4]，强调只有坚定理论自

① 王树荫.坚持中国特色社会主义理论自信［N］.中国教育报，2012-11-30（5）.
② 中国社会科学院中国特色社会主义理论体系研究中心.坚定中国特色社会主义道路自信、理论自信和制度自信［N］.光明日报，2013-01-01（3）.
③ 王翠娟.理论自信从哪里来：访中国政法大学终身教授李德顺［N］.学习时报，2013-04-01（6）.
④ 王博.思想政治教育工作者坚定理论自信的价值分析与路径探索［J］.思想教育研究，2019（3）：128-131.

信，才能破除西方谬论。第二，抵制各种消极客观因素影响的需要。黄明理等①认为，至少有三个方面的消极因素影响：部分党员干部的思想腐化、道德滑坡；改革开放过程的两极分化现象还一定程度存在；文化"软实力"还有待提高。这些因素都在一定程度上对马克思主义的影响力和理论魅力进行了弱化。第三，统领"四个自信"的需要。学者研究指出，"理论自信是道路、制度自信的思想基础。理论上不自信、不坚定，就会迷失方向、改旗易帜，就可能动摇道路和制度"②。熊邦国认为，"相对于理论自信来讲，道路、制度和文化是实践自信。……理论自信是实践自信的支撑、是实践自信的先导，理论自信是更具说服力、更坚定的自信"③。第四，实现伟大复兴的理论需要。陈锡喜将"三个自信"与实现"两个一百年"结合起来，认为理论自信是实现全面小康和中华民族伟大复兴的重要思想保障。④王文博等认为，"理论自信是中国梦赋予中国特色社会主义理论的新内涵"⑤。

二是理论自信的意义和价值。韩喜平等认为，"理论自信能使道路自信更坚定，使理论更具指导作用"⑥。王中生指出，只有坚定理论自信，才能将中国特色社会主义理论一以贯之地坚持到底，促进中国特色社会主义文化的繁荣和进步，推动中国特色社会主义实践进程。⑦陈始发则站在国际视野和世界话语权的角度提出，理论自信是提升国家文化软实力的根本前提，有助于更好地发出中国声音，讲好中国故事，提升世界话语权。⑧张建指出，理论自信具有凝聚力，能够动员最广泛的社会力量，凝心聚力在中国特色社会主义旗帜

---

① 黄明理，力明.马克思主义的理论自觉、自信与信仰研究［J］.南京政治学院学报，2013（1）：36–40.

② 孙洪波，田鹏颖.论理论他信向理论自信的转变［J］.理论视野，2013（8）：11–15.

③ 熊邦国.坚定"四个自信"首先要坚定理论自信［J］.学习月刊，2018（12）：10–12.

④ 陈锡喜.中国特色社会主义道路自信、理论自信、制度自信和理论自觉［N］.中国社会科学报，2013–01–09（B04）.

⑤ 王文博，乔丹.坚定新时代理论自信的意义与路径［J］.学习与探索，2018（10）：85–89.

⑥ 韩喜平，巩瑞波.马克思主义中国化探索的理论自信［J］.思想理论教育导刊，2013（5）：10–15.

⑦ 王中生.坚定"理论自信"的深远意义［N］.湖北日报，2013–03–20（13）.

⑧ 陈始发.以理论自信和理论自觉提升国家软实力与世界话语权［J］.江西社会科学，2012（7）：24–25.

下，开展最广泛的社会动员，助力推进改革开放，建成小康社会，在世界大变局中彰显中国特色。[①] 此外，学者王博还从理论自信对思想政治教育工作的价值分析入手，指出"理论自信在思想政治教育工作中至关重要，对理论价值的认识、认知、认可和接受最终会影响到人的思想工作，理论自信一旦出现偏差，思想政治工作必然受到阻碍"[②]。

（三）关于理论自信的前提和基础

对于坚定理论自信的前提和基础，围绕学界理论观点大致可以总结为"基础论""来源论"和"实践论"。

一是"基础论"。学者李春华谈到，党的理论自信前提和基础是对马克思主义的坚持和发展，要以马克思主义引领社会思潮，批判和自觉抵制各种错误思潮的干扰，在中国特色社会主义实践的伟大成就中坚定理论自信。[③]学者肖贵清也阐述了与此类似的见解，他认为理论自信的基础主要来自四个方面，即思想渊源、实践成就、文化涵养和时代动力。[④]钟明华、于颖从理论自信的形成与发展的过程论证了理论自信的历史基础，即五四新文化运动昭示了理论自信萌生，理论的中国化意味着理论自信的树立，现代化实践的伟大成就昭示理论自信的实现。[⑤]

二是"来源论"。理论自信到底来源于哪儿？王炳林指出，理论自信"来源于对理论内涵的深刻把握，来源于对世界百年未有之大变局的国际国内情况的深刻认识，来源于对中国共产党理论探索和实践经验的深刻总结"[⑥]。王树荫也认为，理论自信源于中国建设的成功经验和历史成就，源于对一系列理论创新成果的充分认可和自觉坚定，源于理论指导下的道路和制度的成功推

---

① 张建.论坚定中国特色社会主义理论自信的挑战与对策［J］.毛泽东思想研究，2013（3）：43-47.

② 王博.思想政治教育工作者坚定理论自信的价值分析与路径探索［J］.思想教育研究，2019（3）：128-131.

③ 李春华.理论自信渐成新的思想潮流［J］.人民论坛，2013（3）：22-23.

④ 肖贵清.中国特色社会主义理论自信的基础［J］.前线，2013（4）：9-11.

⑤ 钟明华，于颖.当代中国理论自信的历史逻辑［J］.理论与评论，2019（3）：51-59.

⑥ 王炳林.增强中国特色社会主义的道路自信、理论自信、制度自信［N］.光明日报，2012-11-26（14）.

进。① 包心鉴指出，自信的三要素是自觉、比较和实践，在自觉中树立自信，在国际比较中增强自信，在实践中坚定自信。② 马维振、王明生认为，"探究中国共产党理论自觉自信的历史过程，这种自信主要源自马克思主义的本源性理论自信、源自社会主义道路的方向性自信、源自为人民干事创业的价值性自信"③。此外，陈曙光等从新中国70年中国特色社会主义理论发展的视角，提出理论自信的六大来源，即，"理论因其科学彻底而自信；理论因其人民信仰而自信；理论因其伟大成就而自信；理论因其创新创造而自信；理论因其包容并蓄而自信；理论因其世界贡献而自信"④。

三是"实践论"。与上述观点不同，也有部分学者从实践的角度出发，阐释理论自信的实践来源，认为理论自信最根本的是源于实践。有学者指出，"理论自信来自理论创新，来自实践"⑤，只有在实践中直面问题、回答问题和解决问题中丰富理论，彰显理论的解释力和指导力，才能树立和坚定理论自信，筑牢自信的实践根基。文兵指出，"理论自信从根本上说，是建立在理论指导社会实践、解决社会现实问题的基础上"⑥。学者韩喜平在阐述理论自信来源于马克思主义的科学性真理性的基础上，也从实践的角度论证了理论自信之来源。他指出，"理论自信来源于现代化建设的成功实践，来源于人民的伟大创造，来源于对时代问题的深切回应"⑦。

（四）关于理论自信的实现路径

学界对于理论自信的实现路径，从理论自信的不同主体展开了分析和探讨，如政党的理论自信如何增强，辅导员、思政工作者、大学生等群体的理

---

① 王树荫.坚持中国特色社会主义理论自信［N］.中国教育报，2012–11–30（5）.

② 包心鉴.中国自信来自哪里？［J］.求是，2013（7）：14–16.

③ 马维振，王明生.改革开放以来中国特色社会主义理论自信的内在逻辑［J］.马克思主义理论学科研究，2018（6）：93–104.

④ 陈曙光，杜利娟，陈雪雪.新中国70年与中国特色社会主义理论自信［J］.思想理论教育导刊，2019（9）：17–23.

⑤ 夏静，魏月蘅，王晓樱.扎根实践沃土 树立理论自信［N］.光明日报，2013–04–16（1）.

⑥ 文兵.时代呼唤理论自信：实践观讨论激起全国热烈反响［N］.湖北日报，2013–05–29（1）.

⑦ 韩喜平.论中国特色社会主义理论自信的生成逻辑［J］.学术论坛，2019（4）：7–13.

论自信如何增强等，但就整体来看，大多数学者都是从政党的视角来探讨增强理论自信的问题，而且多数都以中国共产党这一主体作为研究对象来展开研究，对于中国共产党如何增强理论自信问题，总结学界观点，可归纳为"三维说"及"四维说"。

一是"三维说"。汤志华认为，理论自信的坚定与增强要以理论和实践相统一为根本指向。即要坚持正确的指导思想，要在中国特色社会主义实践和深化改革中实现理论创新。为此，他提出增强理论自信"必须解放思想、实事求是，在实践中以道路自信推动理论自信；必须建设具有中国特色的哲学社会科学话语体系，在推动马克思主义的时代化、中国化和大众化中增强理论自信；必须全面深化改革，在改革攻坚的制度自信中坚定理论自信"①。人民论坛以问卷的形式对当前理论自信问题进行了调查，提出理论自信的实践路径，即理论自信要坚持"以人为本"的价值理念；理论自信要实现科学发展的实践理念；理论自信要不断进行改革的创新理念。②学者黄桂英等指出，历史经验的启示告诉我们增强理论自信，就必须"树立马克思主义的坚定信念并在实践中坚持和发展"，必须"坚持理论与实践的辩证统一"，必须"与时俱进，在社会主义实践中紧跟时代着力推进理论创新"③。学者唐土红指出，"增强理论自信，当务之急是要增强理论的解释力，从严治党，遏制权力腐败，进行精准扶贫，消除贫困，缩小贫富差距，增强人民获得感"④。吴波指出，"进一步坚定共产主义的理想信仰，进一步围绕马克思主义的理论创新和发展作出原创性贡献，进一步向全世界提供中国智慧和中国方案，展示中国道路的世界意义，这是新时代增强理论自信的根本着力点"⑤。

二是"四维说"。任理轩提出理论自信的四个路径："第一，要坚持正确

---

① 汤志华.坚持和发展中国特色社会主义理论自信［J］.中共四川省委省级机关党校学报，2013（4）：17-21.

② 人民论坛问卷调查中心.中国理论自觉自信自强路在何方［J］.人民论坛，2012（4）74-77.

③ 黄桂英，田克勤.中国共产党增强理论自觉和理论自信的历史经验［J］.高校理论战线，2013（1）：10-14.

④ 唐土红.中国特色社会主义理论自信的阻滞性因素［J］.求索，2017（8）：54-60.

⑤ 吴波.习近平理论自信系列重要论述研究［J］.南华大学学报（社会科学版），2017（6）：20-25.

的理论指导，始终高举中国特色社会主义伟大旗帜；第二，要始终坚持创新思维，在推进中国特色社会主义的过程中实现理论创新、实践创新和制度创新；第三，要形成理论自信的共同语言，坚持用党的最新理论成果武装全党，教育人民；第四，要构建理论自信的学理基础，构建中国特色的话语体系"①。程京武则认为，"要将理论自觉作为构建自信的前提和基础；要紧跟时代，在与时代同步中拓展理论自信的现实路径；要明确理论自信的价值取向，始终坚持以人为本；要统筹协调，形成合力，同向发力增强理论自信"②。余双好等从心理学的视角出发，分析了社会心态对理论自信的影响，以此为出发点总结了增强理论自信的四个方面："第一，在调整国民心态的实践中，彰显理论自信；第二，在国民心态的国际比较中，体现理论自信；第三，在教育引导国民心态中，提升理论自信；第四，在培育健全的国民心态中，提升理论自信"③。张建认为，增强理论自信要做好"四要"，即"要坚定科学的理论体系；要以最新成果进行理论武装；要坚持以马克思主义、社会主义核心价值观引领社会思潮；要弘扬优秀传统文化，建设社会主义文化强国"④。张天勇指出，"深化理论自信要深度阐释、宣传和贯彻习近平新时代中国特色社会主义思想，要学好、悟透、普及新思想，用马克思主义中国化的最新成果掌握群众；深入批判各种怀疑论，在破中立；在指导强国实践中增强理论自信，增强实践的说服力；在走向世界中建树理论强国形象，彰显理论的比较优势"⑤。

此外，学者吴波指出，"增强理论自信，必须直面世界历史进程的重大变化、马克思主义在社会意识形态领域的边缘化存在以及国家文化软实力相对薄弱的实际状况"⑥。王博围绕思想政治教育工作者如何坚定理论自信问题，提

---

① 任理轩.中国奇迹的一大法宝：论新形势下增强理论自觉和理论自信［N］.人民日报，2012-06-29（1）.
② 程京武.增强理论自信的四个维度［J］.红旗文稿，2013（6）：25-26.
③ 余双好，冯茜.理论自信的表现及其培养路径探究［J］.学校党建与思想教育，2013（9）：8-12.
④ 张建.论坚定中国特色社会主义理论自信的挑战与对策［J］.毛泽东思想研究，2013（3）：43-47.
⑤ 张天勇.新时代深化理论自信的路径选择［J］.天水师范学院学报，2019（4）：1-5.
⑥ 吴波.习近平理论自信系列重要论述研究［J］.南华大学学报（社会科学版），2017（6）：20-25.

出了具体对策，即"加强理论学习，夯实理论自信基础；加强对马克思主义理论的科学研究，树立理论自信自觉意识；探索思想政治教育工作的实践规律，实现理论自信与实践自信相统一"[①]。官秀成探讨了大学生增强理论自信的问题，提出通过加强大学生"理论自觉""引领主流思潮""改革创新宣传教育方式"等路径[②]。

二、国外相关问题研究现状

在国外学者的研究当中，并没有明确涉及理论自信的问题，但是却在与此密切相关的一些问题，诸如"马克思主义、社会主义、中国特色社会主义"等方面展开了一系列的探讨和争论。现就主要观点阐述如下。

（一）科学社会主义理论中的理论自信

翻开社会主义五百年发展史，在空想社会主义表达出建立一个人人平等、生产资料公有的美好愿景之后，马克思、恩格斯作为科学社会主义创始人，密切关注着欧洲工人运动。面对工人运动中缺乏科学理论指导的自发性和盲目性，为了揭开资产阶级以虚假意识形态遮蔽无产阶级的真面目，1843年，马克思在《〈黑格尔法哲学批判〉导言》中指出，理论掌握群众，能变成物质力量，理论说服人就能掌握群众，而理论彻底就能说服人。强调工人阶级必须树立理论自觉，注重运用先进理论作为武器，进而通过革命实践将其转化为革命力量，以取得工人运动和对资产阶级斗争的胜利。1844年，马克思、恩格斯合著了第一部著作《神圣家族》，批判了青年黑格尔派所持的英雄史观，强调"思想本身根本不能实现什么东西。思想要得到实现，就要有使用实践力量的人"[③]，第一次明确提出"具有群众性的历史活动必然带来群众队

① 王博.思想政治教育工作者坚定理论自信的价值分析与路径探索［J］.思想教育研究，2019（3）：128-131.

② 官秀成.增强民族地区大学生理论自信的路径探索［J］.学校党建与思想教育，2015（2）：15-16.

③ 中共中央马克思恩格斯列宁斯大林著作编译局.马克思恩格斯文集：第1卷［M］.北京：人民出版社，2009：320.

伍的扩大"①, 进一步明确了无产阶级解放全人类的使命所在。1848年, 马克思、恩格斯发表了科学社会主义诞生的经典之作——《共产党宣言》, 他们在肯定资本主义在人类社会发展链条中的进步性基础上, 猛烈批判了资本主义社会不可调和的危机, 科学揭示了资本主义社会化大生产背后隐匿的"两个不可避免", 提出了"资本主义必然灭亡和社会主义必然胜利"的科学预言, 指出了人类社会发展的规律, 完成了对社会主义的认识从空想到科学的理论飞跃, 这也正是无产阶级投身社会革命, 展示无产阶级历史主体力量的理论自信之呐喊。

（二）对马克思主义理论当代价值的再评判中的理论自信

国外学者对"理论自信"未做明确的文本表述, 但是梳理国外关于马克思主义理论的历史意义及其当代价值的研究, 仍然可以从当代西方学者的评价中品味出"理论自信"的意蕴。

一是在马克思主义"过时论"论战中的"理论自信"。这一旗手当属当代国际著名马克思主义研究学者、英国当代思想家伊格尔顿（Terry Eagleton）, 其写就的学术专著《马克思为什么是对的》一书, 则是西方对马克思主义研究的代表性成果。该书于2011年4月完成, 这本书通过10个篇章, 列举了10个问题, 分析大量实证材料, 以逐一批判的"申辩"式的写作手法, 阐明了在全球化的历史图景下, 资本主义发展凸显出的社会不公正、城乡差距、全球金融危机等问题, 反驳了对马克思主义"过时论"的误读和歪曲, 对马克思主义的当代价值进行了再评价, 提出要坚持以马克思主义理论指导市场经济, 以马克思主义推进可持续发展的实现, 回答了"马克思为什么是对的？"这一关乎国际共产主义运动以及全球发展的元问题, 彰显出马克思主义的理论自信。美国瓦尔帕莱索大学经济学系学者丹尼尔·萨罗斯（Daniel Saros）在研究马克思和恩格斯论社会主义的问题时也指出, "社会主义不仅是一种美好的理念, 而且具有现实化的潜能"②。彼得·奥斯伯恩（Peter Osborne）评价

---

① 中共中央马克思恩格斯列宁斯大林著作编译局.马克思恩格斯文集：第1卷［M］.北京：人民出版社, 2009：287.

② DANIEL E S.Information Technology and Socialist Construction：The End of Capital and the Transition to Socialism［M］.London：Routledg, 2014：39.

《共产党宣言》是"毫无疑问的十九世纪最具影响力的作品"①。就连西方反马克思主义的右派典型代表——路德维希·冯·米塞斯（Ludwig von Mises）也承认，社会主义是"有史以来影响最深远的改革运动"②。

二是运用马克思主义解决具体的现实问题的理论自信。英国伦敦国王学院教授、《国际社会主义》杂志主编亚历克斯·卡利尼科斯（Alex Callinicos）针对专栏作家欧文·琼斯（Owen Jones）的"社会主义工人党及其同类的时代已经结束了"的论调，结合英国左翼广泛散播的社会主义工人党及其政治传统已经衰亡的观点，对马克思主义传统进行了解读，并结合工党领导下的英国工人运动进行了分析，提出要采取灵活的策略，"致力于统一战线政治"，并指出"社会主义工人党政治上的强大足以克服其内部的分歧"，因为基于马克思主义思想谱系，无论是理论传统还是民主结构，都能够实现"必要的政治透明度"③。弗拉基米尔·米哈伊洛维奇（Владимир Михайлович）认为，"在20世纪的世界历史进程中马克思主义发挥了不可否认的塑造作用"，21世纪的人类仍"有必要重新理解马克思主义的本质及其对现实的影响"。④维克多·阿列克谢耶维奇·叶菲莫夫（Виктор Александр Николаевич Ефимов）从俄国农业经济发展的视角提出，虽然俄罗斯重新回归马克思主义已不可能，但运用马克思主义来阐明新的生活方式，对于俄国发展仍具有重要意义。⑤

（三）国外学者对"中国特色社会主义理论与实践"认同中的理论自信

新中国成立70多年以及中国改革开放40多年，取得的成就可谓举世瞩目。近年来，国外学者从"忽视中国"转变到"重视中国"，"中国特色社会主义"正成为国外学术界探讨的学术热点和聚焦点。就目前国外学者对"中

---

① 伊格尔顿.马克思为什么是对的［M］.李杨，任文科，郑义，译.北京：新星出版社，2011：2.
② 伊格尔顿.马克思为什么是对的［M］.李杨，任文科，郑义，译.北京：新星出版社，2011：2.
③ 亚历克斯·卡利尼科斯，刘旭东.列宁主义过时了吗？［J］.国外理论动态，2014（4）：41-46.
④ 陈慧平.社会主义与当代世界国际学术研讨会综述［J］.马克思主义研究，2014（1）：148-153.
⑤ 陈慧平.社会主义与当代世界国际学术研讨会综述［J］.马克思主义研究，2014（1）：148-153.

国特色社会主义"的研究，主要是从中国模式、中国发展道路、指导思想等方面加以展开，形成诸多不同的学术观点。大致可以分为如下两类。

一是"积极肯定论"。即对"中国模式""中国特色社会主义"持积极肯定的态度。

有学者从比较研究的视角，观察"中国之治"与"西方之乱"，对中国在经济社会发展中创造出的模式加以褒扬。例如，新加坡著名学者、中国问题专家郑永年在分析中国崛起时指出，从执政党的建设角度看，2017年召开的十九大是中国共产党进行的一场"自我革命"，认为在全球政党权力面临"核心危机"的考验面前，中国共产党进行了"自我革命"，重新规定了自己的现代性[①]，即中国共产党对中国所处时代进行了新判断，明确中国进入了新时代，并在此基础上进一步明确了自身承担的新使命，这是中国共产党追求现代性的关键[②]。从中国崛起的预测看，郑永年从中美贸易战入手，对中国崛起面临的考验进行了冷静审慎的分析，一是国际环境，他认为"中国的国际环境在今后五到十年抑或是更长一段时间内是不容乐观的"；二是中国崛起的阶段性把握，强调"现在还没有崛起，还是中等国家"；三是中国的崛起不仅要实现经济总量持续增长，更要重视"技术上的追赶"，"中国在技术方面的自主创新不足"才是更难的问题。[③]意大利学者洛丽塔·纳波利奥尼（Loretta Napdeoni）指出，中国模式的价值在于，能够提供一种全新的思维方式，去理解西方资本主义的衰落以及西方社会的各种危机，有助于西方纠正过去20年所犯的错误。[④]约翰·奈斯比特（John Naisbitt）在《中国大趋势》[⑤]中描绘了中国未来的发展趋势，"中国将成为世界的中心"，"中国模式"将以令人难以置信的力量影响世界。也有学者从政党的视角对中国共产党作为马克思

① 郑永年.中国共产党的"自我革命"：中共十九大与中国模式的现代性探索［J］.全球化，2018（2）：11-19，131.
② 郑永年.中国共产党的"自我革命"：中共十九大与中国模式的现代性探索［J］.全球化，2018（2）：11-19，131.
③ 郑永年.中国能打赢贸易战吗？［J］.特区经济，2018（7）：55.
④ 洛丽塔·纳波利奥尼.中国道路［M］.孙豫宁，译.北京：中信出版社，2013：14.
⑤ 约翰·奈斯比特.中国大趋势：新社会的八大支柱［M］.魏平，译.北京：中华工商联出版社，2009：81.

主义政党给予肯定。约瑟夫·格利高里·迈哈内（Josef Gregory Mahoney）将儒家"大同"思想、"小康"概念和"和谐社会"思想进行深入细致的比较分析，运用马克思主义唯物辩证法批驳了国外部分学者对中国共产党性质的怀疑和否定，明确指出中国共产党是无产阶级性质的政党，具有坚定的马克思主义理论自信。[①] 著名美国问题专家亨利·阿尔弗雷德·基辛格（Henry Alfred kissinger）认为，中国具有其理论与实践的独特性，中国扩大影响的方式不同于西方的狂热式的传教而是以文化渗透的方式来实现。[②] 威廉·恩道尔（William Engdahl）分析了中国发展面临的机遇，认为中国悠久灿烂的历史和儒家思想是中国在世界舞台上彰显影响力的一张文化王牌。[③]

二是"消极怀疑论"。即对"中国模式""中国特色社会主义"持消极怀疑的态度。例如，国际金融论坛（IFF）首席经济学家乔纳森·安德森（Jonathan Anderson）就曾质疑："中国能否避免重蹈苏联覆辙。"[④] 中国问题专家黄靖则指出，当前中国发展成就显著，但面临的问题同样突出，软硬伤都很明显，"在这种局势下断定中国模式的优势，似乎还为时过早"[⑤]。此外，美国著名的中国问题专家沈大伟教授也指出，"中国共产党的执政合法性还有待进一步考量"，他认为中国共产党难以为民众描绘令人信服的国家愿景，否认马克思列宁主义在中国社会主义实践中所发挥的理论价值，认为此种意识形态已经不被承认。[⑥] 他还进一步举例，认为无论是"三个代表"和"和谐社会"，还是"社会主义的精神文明"抑或是"中国特色社会主义"的建设主张，均"很

① 约瑟夫·格利高里·迈哈内. 通往和谐之路：马克思主义、儒家与和谐概念［J］. 国外理论动态，2009（12）：50-54.

② 亨利·基辛格. 论中国［M］. 胡利平，林华，杨韵琴，等译. 北京：中信出版社，2012：517.

③ 威廉·恩道尔. 目标中国：华盛顿的"屠龙"战略［M］. 戴健，顾秀林，朱宪超，译. 北京：中国民主法制出版社，2013：211.

④ 乔纳森·安德森. 走出神话：中国不会改变世界的七个理由［M］. 余江，黄志强，译. 北京：中信出版社，2006：165.

⑤ 叶蕴. "中国模式"的未来：专访黄靖教授［J］. 南风窗，2009（20）：26-29.

⑥ 沈大伟，吕增奎. 继续执政：中国共产党的持续存在［J］. 国外理论动态，2011（3）：57-66.

难有力地唤起整个国家"。①

（四）西方主要国家外交政策、文化输出等语境中的理论自信

从国外来看，主要国家和政党虽然没有明确提出"理论自信"这一概念，但是其却通过外交政策、文化输出、价值观渗透等渠道和载体，以民族自信、国家自信等方式，发挥自身对世界和地区的政治、经济各个方面的影响，彰显出理论自信的意味，为拓宽理论自信研究提供了更加宽广的考察视角和参照系别。

一是国外学者对欧洲和美国关于"认同"的研究。埃德加·莫兰（Edgar Moran）考察了欧洲文化扩张的历史，认为欧洲文化在使世界欧洲化的同时也带来了欧洲的世界化。他进一步分析了当代图景下的美国崛起和欧洲衰落的现实，重新唤醒了对欧洲的认同，认为这一认同不是局限在一定范围内的认同，而是具有全球性的，融入全球框架的认同。②美国政治学家弗朗西斯·福山（Francis Fukuyama）提出"历史的终结"论，认为资本主义阶段是人类正在到达的社会发展的最终阶段。③对于美国世界霸主的角色建构与地位认同中的理论自信，美国学者塞缪尔·亨廷顿（Samuel Huntington）提出了增强认同的观点，强调美国对外应当加强与西方盟友的领导认同，从而将美国确定为西方文明的领袖④。

二是以"西方中心论"为基础建构的大国责任说。美国著名经济学史学者查尔斯·金德尔伯格（Charles Kindleberger）提出了霸权稳定论，认为20世纪30年代美国因崛起而取代英国霸主地位，但美国并没有像英国那样履行大国责任，为世界提供公共产品，导致出现供应真空，引发世界危机。霸权稳定论为美国对外推行霸权主义政策提供了理论层面的合法性支持，美国认

---

① 沈大伟，吕增奎.继续执政：中国共产党的持续存在［J］.国外理论动态，2011（3）：57–66.

② 莫兰.反思欧洲［M］.康征，齐小曼，译.北京：生活·读书·新知三联书店，2005：13.

③ 艾伦·布兰，雅各·赫斯.虚幻的国际主义抑或真实存在的帝国主义［J］.国外理论动态，2013（6）：9–15.

④ 塞缪尔·亨廷顿.文明的冲突与世界秩序的重建［M］.周琪，等译.新华出版社，2009：284.

为自己是世界的绝对领导力量，宣称如果美国放弃领导权，"那将是一场灾难"①。面对中国崛起，2017年年初，美国哈佛大学教授约瑟夫·奈（Joseph Nye）在金德尔伯格提出的大国公共产品"断供"的警告基础上，提出了"金德尔伯格陷阱"理论，认为在全球治理问题风险加大，造成大国领导力缺失的风险面前，美国对中国崛起存在误判，中国在大国责任履行上很可能选择"示弱"而不是"逞强"，加之美国近年来频频退出国际经济政治军事等国际组织的"退群"行为，当代全球问题治理很可能出现"金德尔伯格陷阱"②。

三是以美国为代表的文化霸权中的理论自信。约瑟夫·奈提出了"文化软实力"的概念，认为相对于经济、政治、军事等硬实力，美国还要在全球扩张中重视文化价值观等软实力的运用，可以更好地降低扩张成本，从而实现全球称霸上的"软硬兼施"。③与约瑟夫·奈的"文化输出"观点相似，美国学者汉斯·摩根索（Hans Morgenthau）提出了"文化帝国主义"的策略，他强调欲灭其国，必先灭其文化，以美国文化价值观取而代之。④挪威学者约翰·加尔通（John Galton）则提出了"文化暴力"的概念，分析美国的霸权主义的载体是构建"经济暴力—军事暴力—文化暴力"的暴力三角形，而以诗歌、艺术、电影等为表现形式的文化暴力，其功能和特殊性在于：为经济暴力和军事暴力提供了合法性辩护的"洗白"功能，由于文化暴力采取隐性渗透的策略，因此破坏性极大。⑤

三、现有研究的贡献与不足

（一）研究贡献

理论自信问题宏大而复杂。其内容丰富，涉及广泛。国内外学者从不同

---

① 约瑟夫·奈.美国注定领导世界？：美国权力性质的变迁［M］.刘华，译.北京：中国人民大学出版社，2012：157.
② 杜薇：世界之问（9）·何谓"金德尔伯格陷阱"？［EB OL］.
③ 约瑟夫·奈.软实力［M］.马娟娟，译.北京：中信出版社，2013：25.
④ 汉斯·摩根索.国际纵横策论：争强权，求和平［M］.卢明华，时殷弘，林勇军，译.上海：上海译文出版社，1995：87.
⑤ 约翰·加尔通.美帝国的崩溃：过去、现在与未来［M］.阮岳湘，译.北京：人民出版社，2013：141.

的研究目的、不同的社会视角、不同的学科领域出发，解析了理论自信的本质内涵，回顾梳理了理论自信的发展历史，探究理论自信的生成机制，总结归纳理论自信的表现形态，并尝试探索增强理论自信的着力点和现实路径，形成了比较可观的研究成果。现有研究的主要理论贡献有：

一是能够认识到研究理论自信问题具有重要的学术价值和实践意义，研究内容和研究焦点愈来愈体现出强烈的现实针对性、学术聚焦性和理论科学性。

二是能够认识到理论自信在"四个自信"中的重要地位以及与其他"三个自信"的辩证关系，以道路自信推动理论自信，以制度自信夯实理论自信，以文化自信滋养理论自信。

三是能够认识到自觉对自信的重要意义，以理论自觉推动理论自信，以文化自觉自信涵养理论自觉自信，在中华优秀传统文化的创造性转化和创新性发展中形成思想动力，推动全民族的理论自信。

四是能够认识到理论自信并非单纯的理论信仰、理想追求与价值认同，还有隐含于理论自身的科学性、真理性、实践性和人民性，这为增强理论自信创造了基本的理论前提和现实可能。

五是能够认识到理论自信的生成不是自然而然、一蹴而就的，而是经历了一个历史过程，从历史中探索理论自信生成和发展的逻辑演进规律，为新时代中国共产党增强理论自信奠定了历史基础。

六是能够认识到理论自信外在表现的多样化和形式化，并对这些外在的表现形式进行梳理和归纳，对理论自信的思想根源进行探究和溯源。

七是能够认识到理论自信生成的特殊性、复杂性、开放性和发展性，探究了增强理论自信的外在条件和内部因素，为增强理论自信开辟了实践路径。

（二）研究不足

目前学界关于理论自信问题的研究，不足之处主要有：

一是缺乏系统性研究。就目前来看，大部分学者对于理论自信问题的系统研究尚不多见，研究焦点和探究内容也相对分散，大部分研究就理论谈理论，多集中于考察理论自信在"四个自信"中的地位，理论自信与道路、制度和文化自信的辩证关系，理论自觉自信与文化自觉自信的关系等方面，而对于中国共产党理论自信的思想来源、取得的实践成效、还存在哪些问题，新时代增强理论自信面临哪些机遇和挑战，如何在百年未有之大变局的时代背景下自觉增强理论自信等问题缺乏系统的研究和梳理。这就使对理论自信问题的研究呈现出发散性的特点，或是围绕理论自信问题的某个方面翻来覆去，反复咀嚼，或是将关乎理论自信的部分问题当成了全部去探究和考察，这就导致难以系统呈现理论自信问题的整体面貌，给研究带来了片面性和局限性。这不仅为我们提出了要系统研究理论自信的时代课题，而且也进一步明确了研究理论自信问题要把握整体性、系统性和发展性的主攻方向。

二是缺乏历史维度的实证研究。纵览当前理论界关于理论自信问题的学术探究，大多数研究成果还是主要聚焦在改革开放以来形成的理论建设成就、实践发展成就、改革创新成就，对党所提出的理论自信这一问题给予充分认可和高度赞扬，但对于理论自信的"所信""所凭"和"所为"的历史探究还不多见。研究很少系统地、全面地从历史的视角去考察理论自信"信什么"（马克思主义理论的本源性探究）、理论自信"凭什么"（马克思主义以及中国化的马克思主义理论的科学性、实践性、人民性和发展开放性）、理论自信"做什么"（中国共产党成立以来理论自信的主要实践及其成效），这就需要以历史的思维来审视和探究理论自信问题，从历史中揭示中国共产党的理论自信所从何来，探究党的理论自信的历史渊源、生成发展以及新时代增强理论自信的基本原则、总体要求和基本经验。

三是缺乏微观考察研究。纵观学界对于理论自信问题的探讨，大多数都是从宏观的视角以宏大叙事的方式来进行理论探讨和学术交流，很少有学者从微观视角出发，对当前理论自信存在的问题进行深入分析和仔细探究，更罕有学者将中国共产党这个理论自信主体中的每一个个体作为研究对象，来深入分析影响理论自信的原因和解决理论自信的路径。这恰是忽略了个体与群体、局部与整体的相互关系和相互作用，将个体与群体割裂开来，忽视了个体在理论自信中的重要作用，殊不知群体的思想状态是由一个个具体的个体构成的，个体的思想状态、理论自觉能力、理论认知能力对于增强群体的理论自信是至关重要的。

四是缺乏国际视野的考察探究。目前学者围绕理论自信的研究还大多数集中在本国内，多以中国自身的理论和实践为基础展开研究，探讨理论自信的实践路径，很少有学者将理论自信问题纳入国际视野和全球境遇内进行深入探究，更少有学者站在国际视野中探寻增强理论自信的力量和因子，由此产生两个关乎理论自信的具体问题，一个是在全球化的今天将理论自信局限于本国自身进行探究，难以全面展现理论自信的全貌，难以形成国际视野中的理论比较优势。另一个是不利于挖掘国际视野中的理论自信因子，如理论的国际传播、理论的国际话语权等。这就需要我们进一步开阔研究视野，在立足本国的基础上，从国际和全球的视角出发，探究理论自信生成发展的规律，总结理论自信的经验和实践路径。

第三节　研究思路和研究方法

一、研究思路

问题是思维的起点，没有问题，就不可能有探究问题的意识和动力。问题意识是本书进行理论研究的起点。本书立足于现实问题，从现实问题出发，沿着问题的提出、问题的界定、问题的分析和问题的解决这样一个研究思路展开。围绕一个核心问题——理论自信，从何为理论自信（理论自信的概念解析）、增强理论自信何以可为（中国共产党理论自信的思想基础）、增强理论自信何以能为（中国共产党理论自信的主要实践、取得的成效及基本经验、理论自信的机遇与挑战）、增强理论自信何以作为（新时代中国共产党增强理论自信的基本原则、总体要求、基本对策）这样一个思路展开研究。坚持论从史出的原则，按照历史演进的逻辑，探究中国共产党增强理论自信的历史经验。坚持论从实出的原则，按照理论来源于实践的逻辑，揭示中国共产党增强理论自信的现实基础。坚持自信源于自觉的原则，按照理论自身演进和理论掌握群众的基本规律，探求新时代中国共产党增强理论自信的有效路径。

二、研究方法

（一）文献分析法

本书沿用最传统也是最基本的一种研究方法，就是文献分析法。通过对理论自信相关问题的国内外文献进行搜集、查阅、梳理和归纳，全面了解目前理论自信的研究进展和成果形成状况，在借鉴已有的理论研究成果的基础上，认真梳理理论自信研究的学术贡献，分析总结当前理论自信研究中还存在的问题和不足，找出理论自信研究的切入点，确立本研究的主要内容和研究框架。

（二）逻辑与历史相统一的方法

历史是最好的教科书，也是开展理论研究最重要的前提和基础。以历史为线索，结合中国共产党史、新中国史、改革开放史、社会主义发展史来探究中国共产党理论自信的思想渊源，梳理中国共产党选择理论、认同理论、坚定理论自信的主要实践，从历史中总结中国共产党理论自信的实践成效和基本经验，进而厘清中国共产党之所以能坚定理论自信的历史逻辑、理论逻辑和实践逻辑。从历史逻辑、理论逻辑和实践逻辑中探寻和把握不断增强理论自信的基本规律，形成构建理论自信的基本框架。透视社会生活现实，挖掘支撑中国共产党理论自信的核心成分，科学认识理论自信的当代价值，合理凝练新时代中国共产党增强理论自信的现实基础和实践路径。

（三）分析与综合相统一的方法

分析与综合相统一是指把研究对象的部分和整体有机结合、相互联系的一种研究方法。分析是把事物分解为各个部分、侧面加以研究，是认识事物整体的必要阶段。综合是把事物各个部分、侧面按内在联系有机地统一为整体，以掌握事物的本质和规律。分析与综合是互相渗透和转化的，在分析基础上综合，在综合指导下分析。具体来讲，就是将理论自信问题作为一个整体核心问题，围绕关乎理论自信的不同侧面、不同视角、不同阶段和不同内容展开分析。通过对不同历史时期、不同发展阶段中国共产党理论自信形成和发展情况的研究，分析总结中国共产党理论自信的本质特征和规律，为科学培育新时代中国共产党理论自信提供坚实的理论支撑和有益的经验借鉴。

（四）马克思主义唯物辩证法

研究中国共产党自觉增强理论自信问题，必须坚持马克思主义政党的立场观点，以马克思主义唯物辩证法作为基本的研究方法。遵循从实践到认识、理论联系实际的马克思主义认识论。对中国共产党理论自信的来源、生成、发展等相关问题进行研究，要充分总结中国革命和社会主义建设过程中的经验教训。充分认识到什么时候中国共产党自觉地以中国化的马克思主义指导实践，坚定并不断增强理论自信，中国的革命、建设和改革事业就能走向胜利；反之，什么时候理论不自信（教条主义、经验主义盛行；理论自负、理论他信、理论盲信泛滥），就会给中国革命和建设事业带来严重危害。要坚持科学理论的普遍性与特殊性相结合的原理。任何一个政党的理论都是在其特定的历史文化背景下产生并存在的，在遵守普遍原理的同时还要注意理论在不同国家的特殊性。研究中国共产党自觉增强理论自信问题，既要充分吸收、借鉴西方政党理论的合理因素，又要分析我国政党理论的现实情况，认清从我国当前的实际国情和中国共产党所处的新的历史方位。

第四节　相关理论阐释

一、新时代与自觉增强

（一）"新时代"的内涵

"新时代"从字面意义来理解，即是有别于以往的、相对于旧时代而言的时代。从一般意义上来看，"新时代"意味着一个旧阶段的结束和另一个新阶段的开始，即用"新时代"代替旧时代或者原时代。本书当中的"新时代"，特指党的十九大报告当中所提出的"中国特色社会主义进入新时代"而言，这个"新时代"不是简单意义上的新旧交替、时代更迭，更不是一蹴而就、天然形成的，而是在历史接续的基础上对我国发展的历史方位作出的重大判断。

1.“新时代”是“强”起来的时代

中国特色社会主义进入新时代是中国共产党在实现中华民族伟大复兴的历史征程中带领中国人民百年来不懈奋斗的历史必然。特别是改革开放40多年来，中国共产党团结全国各族人民进行中国特色社会主义伟大实践，实现了中华民族从站起来到富起来的伟大飞跃。党的十八大以来，在各方努力下，党和国家的事业又取得了全方位的、深层次的发展，迎来了中华民族从富起来到强起来的伟大飞跃。“新时代”意味着新起点、新征程，中国特色社会主义新时代是建设社会主义现代化强国的时代，党中央提出“两个一百年”的奋斗目标、新“三步走”的战略部署、提出实现国家治理体系和治理能力现代化等，这些都是为了实现中华民族伟大复兴而谋篇布局、绘制蓝图。“强”起来是新时代中国特色社会主义奋斗的目标航向。

2.“新时代”是“活”起来的时代

习近平总书记强调，“新时代是中国特色社会主义新时代，而不是别的什么新时代”①。从世界社会主义运动五百年历史长河的大视野来看，中国特色社会主义新时代仍处于从资本主义向社会主义大过渡的历史时代当中，是这一大的过渡时代中的伟大时代。在这一新时代，中国特色社会主义以其前所未有的活力昭示着科学社会主义的勃勃生机，极大地丰富和发展了科学社会主义，不断地把世界社会主义运动从低潮逐步推向高潮。“活”起来是新时代中国特色社会主义发展的显著特征。

3.“新时代”是“享”起来的时代

“新时代”不仅意味着中国特色社会主义实践的成功，而且向全世界昭示着通往现代化的道路不止一条，在世界范围内实践了社会主义通往现代化的成功范式。新时代中国特色社会主义道路、理论、制度、文化的不断发展，正在不断地向其他谋求发展和进步的国家提供可资借鉴的中国智慧和中国方案，让全世界共享中国改革开放的成果。“享”起来是新时代中国特色社会主义发展的世界意义。

---

① 中共中央宣传部.习近平新时代中国特色社会主义思想学习纲要［M］.北京：学习出版社，2019：15.

（二）"新时代"与中国共产党的理论自信

"一个时代有一个时代的问题，一代人有一代人的使命。"①"新时代"赋予中国共产党执政以新的时代使命和责任担当。这也使中国共产党在新时代的理论自信中表现出更加多样化的特点。

1. "新时代"是中国共产党理论自信更为彰显的时代

新时代中国共产党理论自信何以更为彰显？首先，这种自信源于新时代中国特色社会主义的伟大成功实践。中国共产党成立以来，特别是改革开放以来，中国共产党在带领全国各族人民探索中国特色社会主义建设事业的过程当中，有过挫折、失败甚至是极其深刻的教训，但也正是在坚持用马克思主义指导中国实践，并不断将马克思主义与中国实际相结合形成具有中国特色的理论指导，才使中国取得今天如此辉煌的成就。理论自信引导实践成功，而成功的实践更加彰显中国共产党的理论自信。其次，这种自信源于世界社会主义运动的新发展。从世界社会主义五百年的发展历程来看，中国共产党的理论自信是建立在理论的充分发展和实践检验基础上的。它经历了理论照搬（照搬苏联模式）、理论重建（探索适合中国自己的发展模式）、理论发展和理论创新（马克思主义中国化的系列成果）四个阶段，在不断摸索实践中形成了中国特色社会主义理论体系，并不断地丰富和发展这一理论体系，在世界范围内彰显出社会主义的勃勃生机和活力，促进了世界社会主义运动的新发展，向全世界宣示了中国特色社会主义理论指导的成功，彰显出前所未有的理论自信。最后，这种自信源于为全人类作出的更大贡献。"新时代"揭示了中国共产党执政的新使命和新担当，中国共产党不仅肩负着为中国人民谋幸福、为中华民族谋复兴的历史使命，同时也更肩负着为全人类的进步事业而奋斗的使命，中国共产党始终把为人类作出新的更大贡献作为自己的使命。中国的成功发展为全球治理提供了有益经验，为人类文明的丰富多彩增添了财富，提出构建人类命运共同体的重要思想，致力于为世界各国人民的和平与发展作出更大贡献，为全球提供中国智慧和中国方案这无疑是中国共

---

① 习近平．开放共创繁荣　创新引领未来：在博鳌亚洲论坛2018年年会开幕式上的主旨演讲［N］．人民日报，2018-04-11（1）．

产党更加理论自信的彰显。

2. "新时代"是中国共产党自觉增强理论自信更富契机的时代

首先，改革开放以来取得的伟大成就为其奠定了理论自信的物质基础。中国改革开放以来，特别是党的十八大以来，中国共产党领导全国各族人民从党和国家事业发展的全局出发，解决了过去我们长期想解决而未解决的难题，办成了过去我们想办而没有办成的大事，党和国家的各项事业都取得了显著的成就，发生了历史性的变革。这些成就的取得正是在中国特色社会主义这一科学理论的指导下完成的，为新时代中国共产党继续坚定并自觉增强中国特色社会主义理论自信提振了士气，增强了底气！其次，世情、国情、党情的新变化为其提供了理论自信的新机遇。从世情看，当今社会正处于世界多极化、经济全球化、文化多样化、社会信息化的时代，新型国家和发展中国家正在快速崛起，国际力量对比更加趋于平衡，世界各国之间的联系日益紧密，中国的发展理念、发展道路、发展模式在世界的影响力显著增强，日益走近世界舞台的中央。从国情看，当代中国正处于近代以来最好的发展时期，社会生产力发展水平显著提高，国家综合国力显著提升，科技实力、国防实力以及国际影响力明显增强。从党情看，党内政治生活气象更新，政治生态明显好转，党的创造力、凝聚力、战斗力显著增强，党的团结统一更加巩固，党群关系明显改善，为党和国家事业发展提供了坚强政治保证。最后，习近平新时代中国特色社会主义思想的形成为其阐释了理论自信的新内涵。习近平新时代中国特色社会主义思想，是马克思主义中国化的最新成果，是在中华民族迎来从站起来、富起来到强起来的伟大飞跃中创立并不断丰富发展的。它拓展了发展中国家走向现代化的途径，为世界提供了"政党治理"的中国经验。党的十八大以来，"中国之治"与"西方之乱"这一社会主义和资本主义的较量形成了鲜明对比，彰显出中国共产党的治国理政能力和优势，新时代中国共产党自觉增强理论自信，其实质就是要用习近平新时代中国特色社会主义思想武装头脑，指导实践。

3. "新时代"是中国共产党自觉增强理论自信更具挑战的时代

"新时代"之所以"新"，这不仅仅是因为我国发展取得了新成就、迈向了新高度，同时也是说我国发展遇到了很多新的情况和新的难题。正如狄更斯在《双城记》里所言："这是最好的时代，这是最坏的时代……"新时代为中国共产党自觉增强理论自信带来契机的同时，也使其面临着更多的挑战。经济上，世界经济处于深度调整期，经济增长乏力，同时贸易保护主义不断抬头，实行单边主义，特别是以美国为首的一些西方国家，在全世界范围内实行贸易保护的单边主义，在世界范围内造成消极影响。政治上，各种霸权主义、强权政治依然存在并有所上升，新干涉主义有所抬头，部分地区局部冲突、局部战争时有发生，传统安全威胁和非传统安全威胁持续蔓延，维护世界和平、实现各国共同发展的愿望仍未完全实现，任重道远。此外，在意识形态领域的斗争也是此起彼伏，西方国家西化、分化我国的图谋从未改变，而世界社会主义运动在从低潮迈向高潮的过程中，还有相当长的一段路要走，社会上还存在着质疑马克思主义、质疑中国特色社会主义的杂音。如何面对这些思想领域和意识形态领域的严峻挑战？如何面对世界百年未有之大变局？如何在这一变局中以不变应万变，在变局中开新局？中国共产党唯有不断地坚定理论自信、更加自觉地增强对马克思主义、对中国特色社会主义的理论自信，才能始终沿着中国特色社会主义的发展道路前进，推动建设社会主义现代化强国，实现中华民族伟大复兴。

总之，"新时代"是中国共产党理论自信更为彰显的时代，是增强理论自信更富契机的时代，也是增强理论自信更具挑战的时代，新时代中国特色社会主义理论赋予马克思主义新的鲜活力量，写出了科学社会主义的"新版本"，中国共产党理应与时俱进并自觉增强中国特色社会主义的理论自信。

（三）自觉增强

"自觉"和"增强"在《现代汉语词典》当中是两个分别独立的词语。"自觉"本意是指自己感觉到，自己意识到，自己有所察觉，即内在自我发现、外在自我创新的一种自我解放意识。从人类在自然进化过程中所表现出来的基本属性来看，自觉是人的基本人格，是人进行一切实践活动的根本规律的体现，它表现为人对于自我存在的必然维持和发展的一种行为主动。从本质上说，自觉是人类自身发展中保持自由最真实的体现。自觉，并非不知不觉，而是在自我察觉、自我发现的过程中提升境界，提升自己的思想意识。"增强"

即增加效能、强度。从对"自觉"和"增强"两个词语的分析，我们可以得出，"自觉增强"即人在自我发现、自我创新过程中对自身思想、能力、觉悟、境界的提升、增强。

本书中的"自觉增强"并不是普遍意义上、泛泛而谈的"自觉增强"，而是有着特定的主体和客体的"自觉增强"。它的主体是中国共产党，客体是理论自信，也就是中国共产党对理论自信的自觉增强。这种"自觉增强"的理论自信是与盲目的、麻木的"理论自信"相区别的，是与"理论自卑、理论自负、理论自大"截然不同的，它是中国共产党这一主体在主观意识上的一种内在驱动力发挥效能而表现出来的一种积极性、主动性，是自发、自觉的一种主动意识的体现，是中国共产党在对自身所坚持的理论自觉进行深入的学习、研究和深刻领悟的基础上所建立的自信，是在自觉将理论与实践相结合，用理论指导实践并在实践成功基础上所建立的自信。这种"自觉增强"的理论自信也是不同于麻痹大意、夜郎自大、安于现状和精神懈怠的理论自信的。只有理论上清醒，才能有政治上的坚定，才能有行动上的自觉。理论自信首先要有理论自觉，在理论自觉的基础上才能真正形成对某种理论的认同感和自信心，进而不断地自觉增强理论自信，因而麻痹大意、夜郎自大都是不可取的，安于现状甚至是精神懈怠更是危险的。

二、理论自觉与理论自信

（一）理论自觉

理论自觉是理论自信的基础，中国共产党的理论自信是建立在理论自觉的基础之上的。纵观当今世界一些国家都不乏理论自信，但是其理论自信的基础和底气却值得推敲，其中不乏蒙昧状态的盲目自信，也不乏无土无根的理论自负。而中国共产党的理论自信无疑包含着对理论的反思性和批判性，是建立在严肃而科学的理论自觉基础上的自信，这种理论自觉是建立在"理论"的科学性和真理性基础上的自觉；是建立在对"理论"自身的缺点和不足的客观认识基础之上的自觉；是建立在对"其他理论体系"的包容开放基础上的自觉；是建立在对"理论"的创新和发展基础上的自觉。

1. 中国共产党的理论自觉是建立在"理论"的科学性和真理性基础之上的自觉。对一种理论的认可、接受和坚持首先来源于理论本身的成熟性，这种成熟性即是理论自身的科学性和真理性，也就是说理论要能说服人，要能解决实际问题，才能被广泛认可和接受。中国特色社会主义理论是在一系列理论成果的丰富和发展过程中积淀起来的，是科学社会主义理论逻辑和中国社会发展历史逻辑的有机统一。中国几十年的发展建设成就已经印证了这一理论体系的科学和完备，使其在中国建设发展进程中展现出马克思主义真理性的"思想魅力"，这无疑使党对中国特色社会主义理论散发出由内而外的内生自觉与自信。

2. 中国共产党的理论自觉是建立在对"理论"自身的缺点和不足的客观认识基础之上的自觉。中国共产党的理论自觉不同于"理论自负"，也并非盲目自觉，而是在客观认识理论自身的缺点和不足基础上的自觉。实践证明，任何一种理论都不是完美无缺的，都需要不断克服并纠正自身理论的不足和局限，使之在实践检验中得到发展和完善。中国特色社会主义理论与社会主义建设的伟大实践相伴相生，并在实践中不断克服自身的缺点和不足，不断地进行理论创新。党的理论自信所表现出来的这种对理论自然诚恳、实事求是的坦率态度，无疑更彰显出自我觉察基础上的理论认同感和理论自信力。

3. 中国共产党的理论自觉是建立在对"其他理论体系"的包容开放基础上的自觉。对待"其他理论体系"的态度是衡量党的理论自觉程度的一个重要标准。真正的理论自觉从来不是靠诋毁其他理论、贬低其他理论而建立起来的，而是把"其他理论体系"作为一个假想敌，使其成为自身理论发展的一种外在动力，在与其他理论的比较和竞争中彰显自己的特色和优势。党的理论自觉以其强大的包容开放性对待其他理论体系，在与其他理论体系的交流交融和交锋中彰显自己的自觉与自信。

4. 中国共产党的理论自觉是建立在对"理论"的创新和发展基础上的自觉。列宁曾经说过，理论是灰色的，而生活之树常青。理论只有不断地与时俱进，在自我创新和自我发展中才会更具勃勃生机。习近平新时代中国特色社会主义思想作为新时代的最新理论成果，其继承了马克思主义理论与时俱进的优秀品质，能立足当代中国实际，回答中国问题，解决中国改革开放历史进程当中面临的一系列重大课题。这一优秀品质成为中国共产党理论自觉的内生性动力，使中国共产党对这一理论的发展前景信心更大、底气更足、定力更坚，坚信这一理论定会随着实践的发展而不断创新发展。

（二）理论自信

理论自信，顾名思义，即是对"理论"的"自信"。要清晰地阐释"理论自信"的概念，就需要对其主体、客体加以界定，清晰阐释主客体二者之间的相互关系。理论自信的主体是指理论自信的承担者和主导者，也就是谁要理论自信。理论自信的主体一般是指国家、政党、组织、团体或个人等。本书中的理论自信其主体特指的是中国共产党。理论自信的客体是相对于理论自信的主体（例如国家、民族、政党、组织、个人等）而言，即理论自信主体行为所指向的对象，主要是指主体对"什么"理论的自信。本书中理论自信的客体主要是指马克思主义以及中国化的马克思主义理论，特别是中国特色社会主义理论。

从当前国内关于理论自信问题的研究来看，目前学界对于理论自信概念的阐释已经日渐明晰，基本上可以概括为广义上的理论自信和狭义上的理论自信。广义上的理论自信是指理论自信的主体（国家、民族、政党、组织、个人等）对其所坚持的某种理论的执着追求和信仰，并始终以某种理论为指引，引导某种理论的自我革新和实践检验，不断提升对某种理论的认可、认同，把某种理论作为始终不渝的思想遵循。狭义上的理论自信即是指具体明确了理论自信的主客体以及主客体之间的相互关系，即"谁"对"什么"理论的自信。如就政党这个主体而言，理论自信即是指"政党对理论的觉悟觉醒，是政党对其所坚守的理论的价值表示充分认可，对理论未来的发展动力具有坚定的自信"①。就具体的个人而言，理论自信即是指个体对自己主张和坚持的某种理论的坚定信仰和认同，是个体对某种理论的理性而清醒的信仰和执着追求。本书中的理论自信是指中国共产党作为理论自信的主体，对马克思主义以及中国化的马克思主义这一理论自信的客体的认同、认可、执着追

---

① 黄桂英，田克勤.中国共产党增强理论自觉和理论自信的历史经验［J］.高校理论战线，2013（1）：10-14.

求、坚定信仰和实践信心。

新时代中国共产党的理论自信是以清醒的理论自觉为前提的，是在实践基础上的理论自信，是以为人民服务作为价值目标和最终指向的理论自信，是对中国特色社会主义特别是其中的理论体系所秉持的坚定信心、执着信念和崇高信仰。新时代中国共产党增强理论自信要明确目标指向，即增强理论自信的方向、目标、着力点和对象。

1. 新时代中国共产党自觉增强理论自信的方向

（1）要坚持推进马克思主义中国化、时代化、大众化。世界上任何一种理论、任何一种思想要想存在和发展下去，都需要具备让世人接受和认可的内在魅力。这种魅力的拥有和保持并不是因理论的形成而一成不变的，它需要随着实践的发展而发展。任何科学理论和制度，必须本土化才能真正起到作用。正如习近平总书记所说："发展21世纪马克思主义、当代中国马克思主义，必须立足中国、放眼世界，保持与时俱进的理论品格，深刻认识马克思主义的时代意义和现实意义，锲而不舍推进马克思主义中国化、时代化、大众化，使马克思主义放射出更加灿烂的真理光芒。"①坚持推进马克思主义中国化、时代化、大众化，就要始终坚持马克思主义的定力，始终推进理论创新、与时俱进和群众路线，始终把人民群众作为理论发展的力量源泉。

（2）要既不走封闭僵化的老路，也不走改旗易帜的邪路。方向决定道路，道路决定命运，新时代中国共产党自觉增强理论自信的方向就是要既不走封闭僵化的老路，也不走改旗易帜的邪路，而是要沿着中国特色社会主义道路不断前进。在方向问题上，我们必须头脑清醒。正确的方向，永远是根本性的、决定性的。找到一条好的道路不容易，走好这条道路更不容易。在探索这条道路上，我们一次次碰壁、一次次失败、一次次实践、一次次突破，最终成功地走出了一条具有中国特色的社会主义道路，我们必须时刻保持清醒坚定，保持政治定力，真正做到"千磨万击还坚劲，任尔东西南北风"。

（3）要坚持和发展中国特色社会主义。中国特色社会主义是社会主义而不是别的什么主义。坚持和发展中国特色社会主义就是要一如既往地、坚定

---

① 习近平.习近平谈治国理政：第2卷［M］.北京：人民出版社，2017：65.

不移地沿着中国特色社会主义这条道路走下去，回望历史，要铭记中国特色社会主义从哪里来、到哪里去。眺望未来，要预知新时代中国特色社会主义的历史走向和发展趋势。放眼世界，要明晰中国特色社会主义与马克思主义、与世界社会主义关系如何。在回望历史进程中、在眺望未来前景中、在拓展世界视野中把坚持和发展中国特色社会主义一以贯之。

2. 新时代中国共产党自觉增强理论自信的目标

（1）要使中国特色社会主义特别是习近平新时代中国特色社会主义思想成为全党的理论信仰。习近平新时代中国特色社会主义思想，是当代中国的马克思主义，是马克思主义中国化的最新理论成果，也是中国特色社会主义理论体系的重要组成部分。新时代中国共产党自觉增强理论自信的目标之一就是用科学理论引领、武装全党，使中国特色社会主义特别是习近平新时代中国特色社会主义思想成为全党的理论信仰，这是我们党永葆先进性、纯洁性的根本保证。用习近平新时代中国特色社会主义思想武装全党，是坚持和发展中国特色社会主义、实现"两个一百年"奋斗目标、实现中华民族伟大复兴中国梦、推动全面从严治党向纵深发展的必然要求。只有用新时代的先进理论指导复杂多变的实践，才能在实践成功的基础上彰显理论的自信，进而更加自觉地为实现党的历史使命而不懈奋斗。

（2）要加快构建中国特色哲学社会科学，为中国日益走近世界舞台中央、不断为人类作出更大贡献提供理论支撑。习近平指出，"哲学社会科学是人们认识世界、改造世界的重要工具，是推动历史发展和社会进步的重要力量，具有鲜明的意识形态属性"[①]。哲学社会科学工作者要勇立时代潮头、勇担时代使命，坚持以人民为中心的研究导向，树立为人民做学问的理想，在研究回答新时代重大理论和现实问题中加快推动哲学社会科学的繁荣和发展，加快构建学科体系、学术体系、话语体系，对社会主义意识形态形成有效支撑，不断繁荣中国学术、发展中国理论、传播中国思想，为中国日益走近世界舞台中央、为人类作出更大贡献提供先进的理论支撑。

---

① 中共中央宣传部. 习近平新时代中国特色社会主义思想学习纲要［M］. 北京：学习出版社，2019：142.

3. 新时代中国共产党自觉增强理论自信的着力点

（1）展现理论先进性。理论的先进性是理论自信的本源。没有先进的理论体系作为支撑，理论自信就无从谈起。而理论的先进性不是自然而然地体现的。中国有句古话，叫"酒香不怕巷子深"，但是在当今世界形势发生深刻变革，世情、国情、党情变化多端的情势下，理论先进性的展现也遇到了"酒香也怕巷子深"的窘境。因此，在新时代中国共产党要增强理论自信，一个重要的着力点就是主动展现理论的先进性。首先，要从理论源头的科学性去彰显理论的先进性，就是要以历史事实为依据，深刻说明马克思主义在指导中国实际的历史过程中所发挥的先进作用，体现出马克思主义的科学性和真理性。其次，要从中国共产党长期执政的领导核心地位上来彰显理论的先进性。就是从党自身的不断完善、发展和与时俱进中来体现理论的不断发展和与时俱进，通过中国共产党的执政自信体现理论的先进性，进而彰显中国共产党的理论自信。最后，要从中国特色社会主义的伟大实践——改革开放中展现理论的先进性。改革开放经过40多年的发展，取得了举世瞩目的伟大成就，创造了无数个中国奇迹，我国的经济实力明显增强，综合国力迅猛提升，从容面对国际金融危机、化解金融风险，社会发展的巨大成果不仅展示了中国模式的威力，也论证了中国特色社会主义理论作为指导思想的正确性和先进性。

（2）论证理论优越性。要坚定理论自信、增强理论自信，就要论证我们的理论有什么是优于其他思想体系的。要在中国特色社会主义伟大实践当中去论证中国特色社会主义理论的优越性，要在国际视野的比较中去论证中国特色社会主义理论的优越性，要在两种社会制度的较量中去论证中国特色社会主义理论的优越性。归根到底，是要在"理论与实践"统一的过程中去论证中国特色社会主义理论的优越性。这对于中国共产党自觉增强理论自信具有十分重要的理论意义和实践价值。

（3）说明理论科学性。理论科学才能用于指导实践并取得成果，才能树立并不断增强对理论的自信。因而，说明理论的科学性，至关重要。一种理论何以科学？这可以从三个方面来说明，即理论的思维条件、理论的有效性条件和理论的开放性条件。首先，理论是人类思维的结果，理论思维是否具有客观真理性，是说明理论科学性的重要方面。其次，理论终究是要用于认识世界、解释世界和改造世界的，理论的生命力在于运用，这也成为说明理论科学性的重要因素。最后，理论都是要随着实践的发展而不断发展的，理论是否具有自我修正和自我发展的能力，也是衡量其是否科学的重要考量。因而，要从中国特色社会主义的理论思维条件、有效性条件以及开放性条件等方面来说明理论的科学性，进而彰显中国特色社会主义的理论魅力。

4. 新时代中国共产党自觉增强理论自信的对象

中国共产党作为自觉增强理论自信的主体，并不单纯意味着理论自信的增强只是由中国共产党来实现，还需要中国共产党站在领导者的角度去带动各个群体、组织来实现理论自信的自觉增强。因而，新时代中国共产党自觉增强理论自信，就需要根据实际情况来有针对性地确定培养对象，如党员干部群体、普通党员群众、知识分子和大学生群体等。要不断地强化"关键少数"的理论自信，充分发挥领导干部在学习贯彻习近平新时代中国特色社会主义思想中的示范引领作用。争取"绝大多数"的理论追随，提高党的理论自信的整体效能，加强思想政治教育工作者的队伍建设，筑牢增强理论自信的坚实基础。

三、理论自信的多维视角

问题是时代的风向标。时代发展的阶段性和连续性的统一，决定了不同时代都要有亟待回答的时代问卷。如何认识和应对影响时代发展的主要矛盾，往往成为一个政党能否引领时代进步、创造新的伟大时代的重大考验与历史机遇。回顾中国共产党成立以来的百年光辉历程，党带领中国人民从"站起来""富起来"到"强起来"，在中国革命、建设和改革的伟大实践中，不断推进理论创新，自觉增强理论自信，雄辩地诠释了"中国共产党为什么能"。站在中国特色社会主义进入新时代的新的历史方位上，我们有必要对新时代中国共产党自觉增强理论自信的历史经验，从多维视角进行回顾和分析。

（一）唯物史观的视角："两个不可避免"

唯物史观认为，人类社会发展史是一部阶级斗争史。由于不同阶级对生产方式占有的本质差异，导致了他们"在社会生产体系中所处的地位不同"，最终决定了社会分工和财富分配不同。由于统治阶级"支配着物质生产资料"，因此，也"支配着精神生产资料"，也就是说，"统治阶级的思想在每一时代都是占统治地位的思想"①，这也是社会主流意识形态形成与发展的根本依据。在人类阶级斗争的历史进程中，政党作为阶级斗争发展到一定阶段的产物，代表着所在阶级的利益，在自己的纲领、路线方针政策和政治实践中，始终整合、表达和代表着本阶级的利益。因此，处于统治地位的阶级与处于被统治地位的阶级之间的斗争，以夺取国家政权为目标，以政党政治的形式表现出来。这种斗争，不仅表现在生产资料领域，还深刻地表现在意识形态领域。纵观世界社会主义发展史，在无产阶级政党领导工人阶级进行阶级斗争、推进人类解放的历史进程中，不仅遭遇到资产阶级、封建阶级的剿杀与反扑，还要遭遇意识形态的斗争较量，因此，要不断强化无产阶级政党的理论自信，就必须强化无产阶级政党的理论自信之自觉，将其牢牢建立在唯物史观的理论基础之上。

无产阶级政党的理论自信之自觉，源于对唯心史观的揭批。纵观人类历史观的演进，在唯物史观诞生前，人类对历史观的认识是建立在唯心史观的基础上的。从原始社会的在天之灵到封建社会的君权神授，再到进入资本主义社会，资产阶级将思想和观念作为社会运动发展的基础，认为观念统治世界，将"绝对理念""概念的自我规定"作为观念的表现形态，并赋予玄想家、哲学家、统治者等群体，最终以他们的观念这一"普遍性"的形式，为实行阶级统治和阶级压迫提供了意识形态层面的"合法性"支撑。在《政治经济学批判（序言）》中，马克思对唯物史观进行了全面表述，对资产阶级虚假意识形态进行了猛烈批判，强调"物质生活的生产方式制约着整个社会生活、政治生活和精神生活的过程"②，决定"人们的存在"的根本因素，并非"人们的意识"，而是"人们的社会存在"。

---

① 中共中央马克思恩格斯列宁斯大林著作编译局．马克思恩格斯选集：第1卷［M］．北京：人民出版社，20012：178.

② 中共中央马克思恩格斯列宁斯大林著作编译局．马克思恩格斯选集：第2卷［M］．北京：人民出版社，20012：2.

无产阶级政党的理论自信之自觉，源于唯物史观的建立。唯物史观的建立，不仅彻底推翻了资产阶级宣扬的观念和意识统治现实世界的理论逻辑，而且为科学认识人类社会发展规律和未来趋势，提供了科学的方法和强大的理论武器。1848年2月，在《共产党宣言》中，马克思和恩格斯站在唯物史观的高度，指出了"两个不可避免"，为推翻资产阶级生产资料所有制，推翻阶级剥削和压迫，最终构建"自由人联合体"，实现人的自由而全面解放勾画了美好蓝图。马克思、恩格斯强调，推翻旧的、不合理的社会制度，建立"自由人联合体"的历史使命，需要无产阶级政党来担负并付诸实践，特别强调，无产阶级政党一刻也不能停止对工人阶级的教育，这也为无产阶级政党在复杂多变的革命斗争中，始终保持理论自信的自觉，提供了重大方法论指导。

中国共产党自1921年成立之初，就是工人阶级的先锋队，同时是中国人民和中华民族的先锋队，把为中华民族谋复兴、为中国人民谋幸福作为自己的奋斗初心。1922年，中共二大提出最低纲领和最高纲领，明确把实现共产主义作为党的最高纲领，通过28年的新民主主义革命，中国共产党以高度的理论自觉和理论自信，实现了马克思主义中国化，创立了新民主主义革命理论，领导人民大众推翻了三座大山，实现了国家独立和民族解放。在社会主义革命和建设的进程中，面对西方资本主义国家的包围封锁，以毛泽东为代表的中国共产党人，积极探索"走自己的路"，创造性地发展了唯物史观中关于"人民群众是历史创造者"的观点，科学分析了社会主义社会的基本矛盾，为社会主义建设开展有益探索积累了正反两方面经验。在"文革"拨乱反正后，1978年召开的党的十一届三中全会，作出了改革开放的伟大战略决策，以中国特色社会主义理论体系为指导，继续把中国特色社会主义事业向前推进，尽管遇到苏联剧变、东欧解体的共产主义运动低潮，遇到以美国为首的西方国家对中国崛起的变相打压和抹黑丑化，面对西方叫嚣的"历史终结论""意识形态终结"，中国共产党立足改革开放伟大实践，不断强化理论自信之自觉，创造性地发展了中国特色社会主义理论，形成了马克思主义中国化的最新理论成果——习近平新时代中国特色社会主义思想。基于这一理论，习近平总书记洞察人类社会的演进规律，明确指出："尽管我们所处的时代同马克思所处的时代相比发生了巨大而深刻的变化，但从世界社会主义500

年的大视野来看，我们依然处在马克思主义所指明的历史时代。"① 这意味着，虽然世界局势风云变幻，国际秩序和国际格局正在作出深刻调整，但是从大时代的视角来判断当今时代的本质，人类社会依然处于资本主义向共产主义过渡的阶段，为新时代中国共产党继续以高度历史自觉，保持社会主义必胜的坚定理想信念，提供了理论自觉。

（二）政党类型差异的视角："没有共产党就没有新中国"

西方学者研究解释中国共产党的理论自信，一个主流的理论就是"自我调适论"，代表性观点是美国学者、中国问题专家沈大伟的"自我调适论"，即"所有共产主义政党报刊就像植物一样，如果得不到足够的养分和阳光，就会枯萎死亡，但倘若受到'调适'的刺激，就会生机勃勃"②。值得指出的是，这种基于刺激反应解释范式的理论，在中国共产党领导中华民族复兴进程取得的从"站起来""富起来"向"强起来"转变的进程中，所彰显出的中国共产党为什么"能"面前，显然缺乏足够的解释能力。其根本原因，就在于秉持"自我调适论"的西方学者，是以西方竞争性的政党制度视角来阐释中国特色的政党制度的，混淆了中国共产党作为"使命型政党"与西方"选举型政党"的本质区别③。

近代以来，人类社会阶级斗争进入政党政治阶段。在19世纪中叶，在战争与革命的时代主题下，在社会主义运动和民族解放运动时代潮流的助推下，无论是资本主义国家工人阶级争夺普选权，还是殖民地半殖民地国家民族解放运动的兴起，政党从最初的部分精英聚集而成的"精英党"的组织形态，转变为面向大众开展广泛政治动员的大众党。这是世界政党政治发展的重要转折。

放眼遥远东方的古老中国，历经19世纪末、20世纪初的清末立宪运动，中国先进分子在救国图存的探索中向西方学习，初步建立了现代政党政治运

---

① 习近平.习近平谈治国理政：第2卷［M］.北京：外文出版社，2017：66.

② 沈大伟.中国共产党：收缩与调适［M］.吕增奎，王新颖，译.北京：中央编译出版社，2011：6.

③ 唐爱军."使命型政党"正在奋勇前行［EB/OL］.http://opinion.cctv.com/2016/10/23/ARTIruSoztzNTnAfoiM3rJFT161023.shtml.2016–10–23.

行的制度化规范，开启了政治现代化视域下的组党尝试。在党派林立的组党尝试中，1921年，以马克思主义为指导思想的无产阶级政党——中国共产党宣告成立。面对积贫积弱的中国，要担负起反帝反封建、实现中华民族伟大复兴的历史任务，中国共产党从成立之初就面临着巨大的考验。中国的封建制度延续了两千多年，深陷半殖民地半封建深渊，遭受帝国主义和封建主义的双重压迫，面对民族国家意识薄弱、"一盘散沙"的国家状态，如何将领导占少数的无产阶级，团结绝大多数的农民，整合不同进步阶级的利益，扩大社会基础，延展利益代表性，将其凝聚到反帝反封建的民族民主革命的旗帜下？中国共产党"两个先锋队"的性质，决定了它没有任何特殊的利益，更要求它在把马克思主义与中国革命实践相结合的过程中，必须始终以自觉的姿态，保持政治清醒，保持理论自信，将中国共产党作为无产阶级代表先进生产力之"是"，转变为中国共产党成为新民主主义革命领导力量之"能"。在中国革命、建设和改革开放的历史进程中，中国共产党的角色不仅仅是革命党和执政党，更是新中国的领导党和建设党，因此，中国共产党的理论自信之自觉，绝不是西方政党选举前的争夺选民的理论自信之"自觉"，也不是西方政党上台执政过程中兑现施政纲领的理论自信之"自觉"，更不是西方政党下台在野充当反对党为了"反对而反对"的理论自信之"自觉"。中国共产党作为执政党、领导党、建设党的理论自信之自觉，有以下特点。

一是中国共产党理论自信之自觉，贯穿在领导中国人民实现中华民族复兴的历史进程中。西方竞争性政党体制下的选举型政党，其并没有为全人类谋福祉的政治情怀和纲领理念，无论代表哪个阶级，在执政与在野的政治博弈中，西方选举型政党更多在意的是赢得选民的选票，抑或是聚焦本党或者敌对党的具体政策和施政纲领，西方的政权更迭、党派林立、政局动荡，西方选举型政党在执政中遇到效率低下、互相牵制等现实问题的"西方之乱"。与西方选举型政党相比，中国共产党是按照马克思列宁主义的建党原则建立起来的无产阶级政党，肩负着无产阶级解放，进而实现全人类解放，建立起"自由人联合体"的共产主义社会的历史使命。1922年，中共二大明确提出党的最高纲领和最低纲领，并将其贯穿在"站起来""富起来"，并向"强起来"转变的伟大历史进程中。进入新时代，中国共产党持续推进理论创新，以习近平新时代中国特色社会主义理论为党的创新理论和指导思想，敏锐判断新时代中国社会主要矛盾的转变，继续深化改革，强化党领导一切的政治格局，并通过国家治理体系和治理能力现代化建设，持续地把中国特色社会主义的制度优势效能发挥到最大，深刻地体现了理论自信之自觉。

二是中国共产党理论自信之自觉，体现在世界社会主义运动波澜起伏、曲折发展的历史进程中。面对20世纪90年代东欧剧变的社会主义运动低潮，社会主义失败了？社会主义终结了？社会主义向何处去？面对西方叫嚣要终结"对共产主义世界抱有幻想"，如何破解西方炮制的"冲突"与"终结"的话语，中国共产党在以毛泽东同志为核心的党的第一代领导集体提供宝贵经验、理论基础、物质准备的前提下，力挽狂澜，坚持科学社会主义基本原则，以理论创新应对了世界社会主义曲折，巩固和发展了人们对社会文明发展道路的理论自信之自觉，对人类社会主义理想进行了重新建构，切实为处于低潮中的世界社会主义运动找到了一条新路，向世人展示了中国特色社会主义的理论自信。

（三）实践的视角：从"批判的武器"到"武器的批判"

实现共产主义是共产党人奋斗的最高纲领，无产阶级作为被彻底的锁链束缚着的阶级，肩负着全人类解放的历史责任。但是，正如马克思所指出的，共产主义从进步性和革命性而言，是"消灭现存状况的现实的运动"[①]，因此，共产主义"不是应当确立的状况，不是现实应当与之相适应的理想"[②]。理想既源于现实，又要高于现实。共产主义从一种科学理论，到一种革命运动，进而上升成为一种制度选择，这既需要共产主义因素的不断积累，也需要唯物史观所指出的光明而曲折的持续运动。

这一轨迹，在中国共产党成立百年来领导中国革命、建设和改革开放的过程中体现得尤为深刻，这一过程，中国共产党不仅从成立之初五十多人的政党，发展到今天拥有9000多万党员的世界第一大政党，更历经了新民主主

---

① 中共中央马克思恩格斯列宁斯大林著作编译局.马克思恩格斯选集：第1卷［M］.北京：人民出版社，2012：166.

② 中共中央马克思恩格斯列宁斯大林著作编译局.马克思恩格斯选集：第1卷［M］.北京：人民出版社，2012：166.

义革命血雨腥风的洗礼以及社会主义革命和建设中执政探索的曲折考验，在新中国成立70多年和改革开放40多年所取得的历史性变革的基础上，执政70多年的中国共产党，在领导中华民族伟大复兴的历史进程中，之所以能够从幼稚走向成熟，形成马克思主义中国化的三大理论成果，成功地开辟出一条中国特色社会主义道路，其中一个必要条件，就是在不断培育理论自信的过程中，自觉涵养理论自信，这主要体现在以下三个方面。

一是中国共产党理论自信之自觉，是在反对教条主义的实践中孕育而成的。马克思主义是舶来品，"淮南为橘，淮北为枳"。马克思主义理论要能变为强大的物质力量，需要中国共产党这个先锋队将马克思主义基本原理与中国具体实际相结合，但是，这个结合的过程，并非一帆风顺，而是充满了艰辛曲折，马克思主义中国化理论成果的形成、发展和成熟，彰显着中国共产党理论自信的光芒，深刻地蕴含着中国共产党在培育理论自信过程中，反对教条主义的自觉。马克思主义是一种方法，而不是一种教条。在反帝反封建的革命实践中，中国共产党面对错综复杂的国情"样本"，历经了两次胜利、两次失败，在与形形色色的教条主义做斗争的过程中，不断地将马克思主义的基本原理和方法实质运用到中国革命的实践中，以1935年遵义会议的召开为转折和标志，摆脱了共产国际的错误指导和党内教条主义的桎梏，中国共产党第一次独立自主地运用马克思列宁主义基本原理解决问题，确立了实事求是的思想路线，挽救了党、挽救了红军、挽救了革命，中国共产党理论自信之自觉，也由此在全党全军树立起来。

二是中国共产党理论自信之自觉，是在执政实践的角色转型中不断强化的。历经28年艰苦卓绝的新民主主义革命，中国共产党从革命战争政治生态中的革命党，成为中华人民共和国的执政党，成为领导人民开展社会主义革命和建设的建设之党，这种政党角色的转型，对于中国共产党而言是一个新的命题。1949年西柏坡会议，毛泽东告诫全党，革命胜利只是万里长征走完了第一步，要去"进京赶考"，今后的路更长更艰苦。他告诫全党不要盲目自大自满，要有"本领恐慌"的危机意识，强化问题导向，要加强马克思主义理论学习，思考中国社会主义革命和建设遇到的前所未有的新问题，提升全党加强理论学习，在解决问题中培育理论自信的自觉意识。进入20世纪90年代，邓小平面对东欧剧变带来的国际社会主义运动的重大挫折，他明确表态，不要惊慌失措，不要认为社会主义消失了、没有了、失败了。进入21世纪，特别是党的十八大以来，面对国际政治经济秩序和国际格局的深刻调整，面对一些西方国家唱衰中国、抹黑中国、矮化中国的过程中宣称的"历史终结论""中国崩溃论"等论调，以习近平同志为核心的党中央明确指出："中国特色社会主义是社会主义，不是别的什么主义。"① 中国特色社会主义事业"中国版本"的发展，既不是简单套用历史文化母版或其他国家的再版，也不是国外发展的翻版。面对新的时代特点和实践要求，要以更加宽阔的眼界审视马克思主义在当代发展的现实基础和实践需要，坚持问题导向，坚持以我们正在做的事情为中心，聆听时代声音，更加深入地推动马克思主义同当代中国发展的具体实际相结合，不断开辟21世纪马克思主义发展新境界，让当代中国马克思主义放射出更加灿烂的真理光芒。

三是中国共产党理论自信之自觉，是在打破"西方中心论"和"西方文化优越论"的舆论围堵中强化的。进入21世纪，世界政治经济格局和秩序面临深刻调整，当代经济全球化的困难重重，英国脱欧、美国接连退出众多国家政治经济合作组织，美国一意孤行，推行贸易保护主义，导致中美贸易摩擦不断扩大升级，这些意味着什么？这意味着以中国为代表的发展中国家和和平发展所取得的骄人成就，触动了以美国为首的发达国家的利益蛋糕和旧的不合理的分配格局，西方发达国家不愿正视"中心—边缘"结构的变革，依旧坚持从"西方中心论"出发，输出所谓的"普世价值""文化霸权"，固守对发展中国家的"文化优越感"，并按照国强必霸的逻辑，从国际舆论的层面，炮制出所谓的"中国威胁论"，妄图抹黑中国。例如，美国著名文化学者亨廷顿预测，从全球各国的博弈格局来看，对美国的安全构成威胁的潜在对手，并非欧洲联盟，而是可能来自"统一的、强大的和自我伸张的中国"，中国的经济发展问题是21世纪初"美国政策制定和面临的唯一严峻的安全问题"。只有理论清醒，政治才能保持坚定。面对西方国家对中国发展发出的"修昔底德陷阱"和"金德尔伯格陷阱"，习近平指出，中国是现行国际体系

---

① 习近平.关于坚持和发展中国特色社会主义的几个问题［J］.思想政治工作研究，2019（5）：15–19.

的参与者、建设者、贡献者，更是受益者。

四、马列著作中蕴含的"理论自信"

（一）马克思、恩格斯、列宁有关"理论自信"的阐释

恩格斯曾经指出："一个民族要想站在科学的最高峰，就一刻也不能没有理论思维。"①任何实践的开展都离不开理论的先导作用，而理论的先导作用有赖于理论的正确选择和坚定自信。由马克思、恩格斯创立的科学社会主义理论作为中国特色社会主义理论发展的源头拥有着本源性的自信，这成为中国共产党坚定并自觉增强中国特色社会主义理论自信的历史思想渊源。

1848年《共产党宣言》的发表标志着马克思主义的诞生。科学社会主义作为马克思主义理论的重要组成部分，其内含着真理性和科学性，中国特色社会主义的理论自信正是源自科学社会主义的本源性自信，从而彰显出其强大的生命力。首先，马克思在批判黑格尔国家哲学和法哲学理论中彰显出对无产阶级的人类解放理论的自信。马克思在《〈黑格尔法哲学批判〉导言》当中指出，"中等阶级还不敢按自己的观点来表达解放的思想，而社会形势的发展以及政治理论的进步已经说明这种观点本身陈旧过时了，或者至少是成问题了"②。正是基于这样的认识，马克思批判黑格尔国家哲学和法哲学理论，认为黑格尔看到了市民社会和政治社会是相分离的，但是又走不出私有制的图圈，幻想通过伦理国家的建构来解决问题。因而，马克思强调要通过"实现有原则有高度的实践"来实现人的自由而全面的发展，从理论和实践相结合的层面阐释对无产阶级的人类解放理论的高度自信。其次，马克思对"两个必然"和"两个决不会"的阐释中彰显出对科学社会主义理论的自信。马克思和恩格斯在《共产党宣言》当中指出，"随着大工业的发展，资产阶级赖以生产和占有产品的基础本身也就从它的脚下被挖掉了。它首先生产的是它自

---

① 中共中央马克思恩格斯列宁斯大林著作编译局.马克思恩格斯选集：第3卷［M］.北京：人民出版社，2012：875.

② 中共中央马克思恩格斯列宁斯大林著作编译局.马克思恩格斯选集：第1卷［M］.北京：人民出版社，2012：14.

身的掘墓人。资产阶级的灭亡和无产阶级的胜利是同样不可避免的"①。"两个必然"彰显出马克思主义的理论自信,为了进一步说明资本主义的必然灭亡和无产阶级的必然胜利,马克思又进一步进行了补充和完善,指出:"无论哪一个社会形态,在它们所能容纳的全部生产力发挥出来以前,是决不会灭亡的;而新的更高的生产关系,在它存在的物质条件在旧社会的胎胞里成熟以前,是决不会出现的。"② 这也就是马克思恩格斯所提出的"两个决不会",这把"两个必然"从理论层面的阐释进一步现实化,体现出"两个必然"遵循历史规律的"客观必然性",彰显出科学社会主义理论的强大自信力和理论解释力。

俄国的十月革命验证了马克思主义理论的科学性,正如列宁所说,"没有理论,革命派别就会失去生存的权利,而且不可避免地迟早要在政治上遭到破产"③。马克思主义"吸收和改造了两千多年来人类思想和文化发展中一切有价值的东西"④,因而它能够回答"人类先进思想已经提出的种种问题"⑤。他坚信"在资本主义及无产阶级阶级斗争发展新条件之下,在一个国内社会主义的胜利是完全可能,而且是可靠的"⑥。"沿着马克思的理论道路前进,我们将愈来愈接近客观真理(但绝不会穷尽它),而沿着任何其他的道路前进,除了混乱和谬误之外,我们什么也得不到。"⑦ 这无疑是列宁对理论自信重要性阐释的最好证明。而在实践当中,列宁也是将增强政党理论自信作为一项重要的战略任务,组织苏共开展批判各种反马克思主义的工作,积极倡导对马克思

---

① 中共中央马克思恩格斯列宁斯大林著作编译局.马克思恩格斯选集:第1卷[M].北京:人民出版社,2012:412.

② 中共中央马克思恩格斯列宁斯大林著作编译局.马克思恩格斯文集:第2卷[M].北京:人民出版社,2009:592.

③ 中共中央马克思恩格斯列宁斯大林著作编译局.列宁全集:第6卷[M].北京:人民出版社,1986:367.

④ 中共中央马克思恩格斯列宁斯大林著作编译局.列宁专题文集:论社会主义[M].北京:人民出版社,2009:167.

⑤ 中共中央马克思恩格斯列宁斯大林著作编译局.列宁选集:第2卷[M].北京:人民出版社,2012:343.

⑥ 解放社.列宁斯大林论社会主义经济建设:下册[M].北京:人民出版社,1951:91.

⑦ 中共中央马克思恩格斯列宁斯大林著作编译局.列宁全集:第18卷[M].北京:人民出版社,2017:145.

主义的学习和研究，在推进苏俄建设事业中起到了非常重要的作用。

（二）毛泽东、邓小平、江泽民、胡锦涛有关"理论自信"的阐释

回首中国近现代史，在中国革命、建设和改革的过程当中，中共历代领导人身上无不体现出对马克思主义理论的坚定自信和行动自觉。早在革命时期，党的创始人之一李大钊同志就曾预言"试看将来的环球，必是赤旗的世界"[①]，作为新中国的缔造者，毛泽东同志更是进一步坚定了马克思主义的理论信仰和行动自觉，使我们革命有了正确的前进方向，有了先进理论的指导，有了强大的精神力量，使我们党能够在革命道路上披荆斩棘，战胜一个又一个的困难和挑战，建立起新中国。正如毛泽东同志所说："自从中国人学会了马克思列宁主义以后，中国人在精神上就由被动转为主动。"[②]十一届三中全会后，中国进入改革开放的新时期。作为改革开放的总设计师，邓小平同志更是以一个坚定的马克思主义者的姿态，以理论和实践向世人证明马克思主义理论的真理性和科学性。他指出，"马克思主义是打不倒的。打不倒，并不是因为大本子多，而是因为马克思主义的真理颠扑不破"[③]。"我坚信，世界上赞成马克思主义的人会多起来的，因为马克思主义是科学"[④]。而这一理论正是在改革开放的成功实践中不断地被印证、被彰显。

20世纪80年代末90年代初，国际形势风云变幻，改革处境不容乐观。如何沿着邓小平开创的马克思主义中国化理论继续前行，推动中国特色社会主义事业发展，江泽民同志审时度势地指出，"马克思主义是科学，它始终严格地以客观事实为根据"[⑤]。马克思主义这个"老祖宗"不能丢，"丢了就丧失根本"[⑥]。他以中国共产党人的理论自信和战略定力创造性地提出了"三个代表"重要思想。进入21世纪，以胡锦涛同志为核心的党中央继续传承与发展党的创新理论，坚定理论自信，在党的十八大报告当中，明确提出了"全党要坚

---

① 中国李大钊研究会.李大钊全集：第2卷［M］.北京：人民出版社，2013：367.
② 毛泽东.毛泽东选集：第4卷［M］.北京：人民出版社，1991：1516.
③ 邓小平.邓小平文选：第3卷［M］.北京：人民出版社，1993：382.
④ 邓小平.邓小平文选：第3卷［M］.北京：人民出版社，1993：382.
⑤ 江泽民.江泽民文选：第2卷［M］.北京：人民出版社，2006：12.
⑥ 江泽民.江泽民文选：第2卷［M］.北京：人民出版社，2006：12.

定这样的道路自信、理论自信、制度自信"①。由此可见，新中国成立以来，在几代中共领导人身上无不体现出对业已选择的马克思主义理论及马克思主义中国化的理论成果的坚定信心和自觉坚守，这为中国共产党的"理论自信"提供了现实的思想宝库。

（三）习近平有关"理论自信"的阐释

习近平同志指出，"在人类思想史上，就科学性、真理性、影响力、传播面而言，没有一种思想理论能达到马克思主义的高度，也没有一种学说能像马克思主义那样对世界产生了如此巨大的影响"②。进入新时代，在改革进入深水区和攻坚期，国际国内矛盾错综复杂、叠加交织的情况下，要实现"两个一百年"的奋斗目标，实现中华民族伟大复兴的中国梦，"全党要更加自觉地增强道路自信、理论自信、制度自信、文化自信"③，更加需要坚定马克思主义的理论自觉和理论自信，自觉运用马克思主义中国化的最新成果武装全党。中国共产党的"理论自信"正是在不断创新的理论成果当中生根、发芽和结果的，并跟随着时代的脚步不断地增强这种"理论自信"。习近平新时代中国特色社会主义思想洞察时代、回答时代、引领时代，成为新时代中国共产党自觉增强理论自信的直接思想动力。

习近平新时代中国特色社会主义思想是深刻洞察时代、回答时代、引领时代发展的马克思主义。每一个时代有每一个时代的问题，每一个时代有每一个时代的理论。习近平新时代中国特色社会主义思想深刻思考科学社会主义理论与实践，不懈探索如何坚持和发展中国特色社会主义，在深刻洞察时代中创立了新时代的马克思主义。十八大以来，以习近平同志为核心的党中央，深刻洞察"世界怎么了？应该怎么办？"的世情，实现中华民族伟大复兴征程中改革发展稳定任务之重、矛盾风险之多、治国理政考验之大的国情，管党治党"四大考验""四种危险"的党情，带领全党全国人民取得了举世瞩目的伟大成就，以不可撼动的成功实践彰显出科学社会主义的蓬勃生机，中

---

① 胡锦涛.胡锦涛文选：第3卷［M］.北京：人民出版社，2016：625.

② 习近平.习近平谈治国理政：第2卷［M］.北京：外文出版社，2017：65.

③ 习近平.决胜全面建成小康社会 夺取新时代中国特色社会主义伟大胜利：中国共产党第十九次全国代表大会上的报告［M］.北京：人民出版社，2017：17.

国特色社会主义道路越走越宽广，世界范围内对马克思主义和社会主义的认同越来越多，两种意识形态、两种社会制度的较量发生了越来越有利于社会主义的变化。习近平新时代中国特色社会主义思想应时代之变迁、立时代之潮头、发时代之先声，在"历史终结论""社会主义灭亡论""马克思主义失败论"的挫折中奋起，展现了新时代中国共产党推进理论创新的执着自信和历史担当。在洞察时代中回答时代之问，在回答时代之问中引领时代发展，以其独有的与时俱进品质紧跟时代步伐不断进行理论创新。习近平新时代中国特色社会主义思想，继承并发展了马克思主义，成功地开辟了21世纪的马克思主义，开拓了马克思主义发展的新境界，是新时代中国共产党的思想旗帜，是国家政治生活和社会生活的根本指针，成为中国共产党自觉增强"理论自信"的直接思想动力。

第二章　中国共产党理论自信的思想基础

习近平在纪念马克思诞辰200周年大会上指出，马克思主义是科学的、人民的、实践的和不断发展开放的理论。这不仅揭示出马克思主义理论的本质特征和科学内涵，同时也深刻地阐释了中国共产党理论自信的思想来源和理论基础。中国共产党何以理论自信？从本源性上来讲，理论自信要源自马克思主义自身的科学性、人民性、实践性和发展开放性；从时代性上来讲，这种自信来源于马克思主义在与时俱进、不断发展过程中始终保持的科学性、人民性、实践性和发展开放性；从实践性上来讲，这种自信源自植根于社会主义的伟大实践，特别是植根于中国的伟大实践而生成的理论科学性、人民性、实践性和发展开放性。

第一节　马克思主义理论的科学性

科学性是马克思主义的本质特征。纵观人类社会发展史，特别是中国革命、建设和改革史，马克思主义之所以发挥出强大的理论解释力和实践指导力，其根源就在于"马克思主义理论的科学性"。理论的科学性是中国共产党理论自信的本源性自信。

一、马克思主义、列宁主义的科学性

（一）马克思主义的科学性

马克思和恩格斯创立了马克思主义，为人类社会作出了杰出的贡献。其创立的马克思主义理论内在地包含三个组成部分：马克思主义哲学、马克思主义政治经济学和科学社会主义，形成了科学的理论体系。

马克思主义的科学性体现在对人类文明成果的吸收、借鉴和升华上。任何一种理论的产生都不是凭空的，更不是没有根基的空中楼阁，而是在借鉴、吸收一切理论成果的基础上发展起来的。马克思主义更是如此。作为一个科学的理论体系，马克思主义批判地继承了前人的一切科学成果。德国古典哲学、英国古典政治经济学和英法空想社会主义成为马克思主义的直接理论来源：马克思和恩格斯批判地继承了黑格尔辩证法，吸收了费尔巴哈唯物主义合理内核，形成了彻底的唯物主义；合理汲取亚当·斯密、大卫·李嘉图的劳动价值论，创立了剩余价值学说；借鉴了欧洲空想社会主义思想的积极成果，把社会主义由空想变成科学。恰如列宁所言："马克思主义这一革命无产阶级的意识形态赢得了世界历史性的意义，是因为它并没有抛弃资产阶级时代最宝贵的成就，相反地却吸收和改造了两千多年来人类思想和文化发展中一切有价值的东西。"[①]

马克思主义的科学性体现在其彻底而严整的科学体系。众所周知，马克思主义理论体系有三个重要组成部分，即哲学、政治经济学和科学社会主义。这三个部分并不是彼此割裂、毫无联系的，而是一个相互联系、相互贯通的有机整体。马克思主义哲学提供了世界观和方法论，其科学揭示了人类社会的发展规律，成为全部理论的哲学基础；政治经济学则围绕社会生产变革以及资本主义的产生、发展和灭亡来展开，深刻揭示社会变革规律和资本主义发展规律，形成了剩余价值学说；科学社会主义揭示了无产阶级运动发展的规律，以马克思主义哲学和政治经济学为理论基础，提出了"两个必然"和"两个决不会"的重大判断。从一定意义上来说，马克思主义哲学和政治经济学为科学社会主义的产生奠定了坚实的理论基础，如果没有其创立的唯物史观和剩余价值学说，社会主义就难以从空想变成科学。由此而言，马克思主义是一个彻底而严整的理论体系，其各个组成部分和要素之间是彼此联系和相互贯通的。正如列宁指出的："马克思的观点极其彻底而严整。这是马克思的对手也承认的。"[②]

---

① 中共中央马克思恩格斯列宁斯大林著作编译局 . 列宁全集：第39卷［M］. 北京：人民出版社，2017：374.

② 中共中央马克思恩格斯列宁斯大林著作编译局 . 列宁全集：第26卷［M］. 北京：人民出版社，2017：52.

马克思主义的科学性体现在与时俱进的理论品格。说马克思主义是颠扑不破的真理，并不是说马克思主义是一成不变的。马克思主义所提供的不是现成的教条，更不是可供套用的模板，而是一种世界观和方法论。坚持马克思主义，就要理解马克思主义，要从它的精神实质中领会其核心内涵，学会用它的立场、观点和方法去看待问题、分析问题。正如马克思和恩格斯在《共产党宣言》发表24周年讲话时指出的那样，对《共产党宣言》原理的实际运用，必须"随时随地都要以当时的历史条件为转移"[①]，也就是必须一切从实际出发，坚持实事求是，将原理的运用与实践相结合，与当时的历史条件相结合，这种结合不是一次两次，而是要随时随地。强调运用原理必须与时俱进。实事求是、与时俱进，这是马克思主义永葆科学性的重要体现。

（二）列宁主义的科学性

列宁主义是对马克思主义的继承、丰富和发展。它在俄国社会主义革命和社会主义建设过程中发挥了十分重要的指导作用，使俄国率先实现了社会主义革命在一国的胜利，并为其他国家建立无产阶级政权、开拓社会主义道路提供了成功典范。历史和实践证明，列宁主义是与马克思主义一脉相承的科学理论。

列宁主义的科学性体现在辩证地看待和继承马克思主义上。列宁认为，马克思主义具有科学性。他指出，马克思主义的创立是以客观事实为依据的，是通过科学的方法加以分析而得出的理论，是经受了革命成功的实践检验而被印证的理论，是无可辩驳的真理。但是这并不等于说马克思主义神圣不可侵犯，就应该一成不变。对待马克思主义，既不能把它看作是亘古不变的金科玉律，也不能把它看作是死记硬背和机械重复的教条。它所提供的是总的指导原则和基本原理，是一种世界观和方法论，科学对待马克思主义，必须辩证地看待、继承和发展马克思主义。正是秉持这一原则和理念，列宁在辩证看待马克思主义基础上实现了理论的创新和发展，形成了以"帝国主义理论""无产阶级专政理论""社会主义建设理论""民族殖民地问题理论""无产

[①] 中共中央马克思恩格斯列宁斯大林著作编译局.马克思恩格斯全集：第28卷［M］.北京：人民出版社，2018：531.

阶级革命和专政理论""新型无产阶级政党理论"等为核心内容的列宁主义。

列宁主义的科学性体现在"讲求实际",创造性地将马克思主义与俄国实际相结合。"讲求实际"是列宁主义的精髓。无论是在指导俄国的革命还是俄国的社会主义建设中,列宁始终坚持"讲求实际",将马克思主义同俄国具体实际相结合,创造性地运用和发展了马克思主义。列宁指出:"对于俄国社会党人来说,尤其需要独立地探讨马克思的理论,因为它所提供的只是总的指导原理,而这些原理的应用具体地说,在英国不同于法国,在法国不同于德国,在德国又不同于俄国。"[①]因而,对马克思主义的运用必须与各国的具体实际相结合,要具体问题具体分析。列宁主义正是始终贯穿"讲求实际"这一灵魂和精髓,坚持"讲求实际"的思维方式和工作准则,才得以提出一国社会主义胜利说,实现"战时共产主义"向"新经济政策"的转变,制定出无产阶级革命和建设的策略。"讲求实际"这一重要理论特质和内在品格是列宁主义生命力所在和科学性的源泉。

列宁主义的科学性体现在俄国革命和建设的成功实践。理论的科学要靠实践检验。列宁主义之所以被称为科学的理论,就源于它指导俄国革命和建设,并取得的成功实践。在列宁主义的指导下,俄国成功进行了无产阶级革命,建立了第一个社会主义国家,率先实现了无产阶级专政。第一次提出并实践了社会主义革命可以在一国或数国首先胜利的理论。革命胜利后,面对俄国社会主义的建设问题,列宁进行了认真而深入的探索和实践,成功开辟了一种全新的社会主义现代化模式。第一次否定了资本主义的经济运行规律,坚持根据社会主义经济运行特点和要求来建设社会主义现代化,使苏联经济以资本主义国家不可比拟的速度向前发展。短短几十年时间,将俄国由一个"小农国家"建设成世界工业强国,苏联人民生活得到明显改善。实践的成功无疑彰显出理论的科学性。而此后,苏联解体、东欧剧变,也正是因其没有科学坚持列宁主义而导致失败,这更加从侧面印证了列宁主义的科学性。

---

① 中共中央马克思恩格斯列宁斯大林著作编译局.列宁全集:第4卷［M］.北京:人民出版社,2013:161.

二、毛泽东思想、邓小平理论、"三个代表"重要思想和科学发展观的科学性

毛泽东思想、邓小平理论、江泽民的"三个代表"重要思想、胡锦涛的科学发展观是与马克思主义一脉相承的，它们创造性地运用了马克思主义，是把马克思主义与中国革命、建设各个阶段的具体实际相结合而形成的理论成果，是中国化的马克思主义。这些理论成果从中国实际出发，以中国现实问题为导向，为解决中国革命、建设和改革问题精准施策，无疑也一脉相承地具有马克思主义理论的科学性。

（一）毛泽东思想的科学性

众所周知，贯穿毛泽东思想始终的基本原则和立场即是实事求是、群众路线、独立自主，这也是毛泽东思想活的灵魂，是其科学性的集中体现。毛泽东坚持实事求是，创造性地把马克思列宁主义与中国革命实际相结合，打破了列宁的城市中心论，创造性地提出了"农村包围城市，武装夺取政权"的革命思想，形成新民主主义革命理论，带领中国人民实现了民族独立和人民解放，成立了中华人民共和国。紧接着，面对一穷二白的新中国建设问题，毛泽东适时探索适合中国国情的社会主义建设道路，以苏为鉴，提出要走自己的路，将马克思列宁主义与中国实际进行"第二次结合"，取得了社会主义建设道路探索的初步成果。习近平总书记在纪念毛泽东诞辰120周年大会上，曾连用了几个"创造性地解决"对毛泽东同志的历史功绩给予了充分肯定，对毛泽东思想的科学性和价值性给予高度评价。

（二）邓小平理论的科学性

邓小平理论的科学性集中体现在它以唯物辩证法为哲学基础，以中国现代化建设的现实国情为实践依据，把马克思主义与中国建设实际相结合，进而形成了成熟而完备的理论体系。任何一种理论的形成，都是以一定的哲学观点为指导的。邓小平理论正是坚持一般与个别、共性与个性、普遍性与特殊性的唯物辩证法，将社会主义的一般、共性和普遍性问题与中国的个别、个性和特殊性结合起来，创造性地提出建设有中国特色的社会主义，科学回

答了社会主义建设、巩固及发展的问题。它不是简单地重复马列主义、毛泽东思想，而是在唯物辩证法的基础上，以新的观点、新的思想充实和发展了马列主义、毛泽东思想。邓小平所提出的"社会主义初级阶段理论""社会主义市场经济理论""社会主义本质论""一国两制"等重大理论的创新和发展，构成了邓小平理论的科学体系。

（三）"三个代表"重要思想的科学性

"三个代表"重要思想是进入21世纪中国共产党人的行动纲领和政治宣言。它的科学性就在于它的继承性、先进性、实践性、广泛性、统一性和创新性。它的继承性体现在与马克思列宁主义、毛泽东思想、邓小平理论的一脉相承；它的先进性体现在始终代表先进生产力的发展要求，始终代表先进文化的前进方向；它的实践性体现在始终坚持依靠人民群众投身社会实践，在实践中检验，在实践中发展；它的广泛性体现在始终代表中国最广大人民的根本利益，把最大限度地满足和实现广大人民群众的愿望和要求，全心全意服务人民作为党全部政治活动的最终目的；它的统一性体现在"三个代表"各个组成部分之间的协调一致和内在统一。先进生产力是基础和前提，只有生产力发展，才能保障人民利益的实现和先进文化的发展。先进文化是关键，文化是精神资源和思想动力，它能为生产力发展提供精神供给和智力支持。先进文化既是满足群众精神文化需要的重要因素，又是发展先进生产力的必要条件。满足最广大人民的根本利益是核心，发展生产力、发展先进文化，其最终目标是人民，要立党为公，执政为民。它的创新性体现在对马克思主义创新精神的继承，创造性地将马克思主义同中国改革开放和现代化建设的新实践结合起来，在解决实际问题中实现理论创新，在创新中战胜困难、实现发展、走向辉煌。

（四）科学发展观的科学性

科学发展观是建立在雄厚的思想资源和扎实的实践基础上的理论，理论生成具有客观性。科学发展观坚持辩证唯物主义和历史唯物主义，坚持马克思列宁主义关于发展的世界观和方法论，又继承了毛泽东、邓小平、江泽民关于发展的思想，具有坚实的理论基础。同时，面对世界发展大势和中国发展的实际，能客观总结中国发展的阶段性特征，直面经济社会协调发展的突出问题，形成了科学发展观；科学发展观系统回答了关乎经济社会发展的一系列基本问题，理论生成具有系统性。科学发展观以马克思主义的世界观和方法论，科学回答了新阶段中国发展的重大问题，提出了一系列基本观点和理论，如中国特色社会主义的主题、战略布局、价值取向、领导力量、依靠力量、发展动力、国际战略等，理论的系统性彰显了理论的科学性；科学发展观揭示了社会发展各要素的本质联系，理论生成具有规律性。科学发展观第一要义是发展，强调以人为本，坚持全面、协调、可持续，深刻揭示了人类社会发展规律、社会主义建设规律及共产党执政规律，规律性彰显理论的科学性；科学发展观是对传统发展观的拓展和超越，理论生成具有创新性。它不仅吸收了世界各国先进的发展模式和发展理念，同时也对马克思主义发展理论进行了发展和创新，更是对党的前三代领导集体有关发展思想的拓展和升华。

三、习近平新时代中国特色社会主义思想的科学性

习近平新时代中国特色社会主义思想是马克思主义中国化的最新理论成果。它是在继承马克思列宁主义以及中国几代领导集体的科学理论成果基础上，在探索中国特色社会主义建设过程中形成和发展起来的。它既拥有马克思主义的本源科学性，又具有结合实践、适应时代需求的现实科学性。习近平新时代中国特色社会主义思想开拓了马克思主义科学性的新境界。

（一）习近平新时代中国特色社会主义思想的科学性体现在其进一步深化了对共产党执政规律的认识

众所周知，马克思和恩格斯创立了无产阶级政党学说，对无产阶级政党的宗旨、任务、思想和组织等都进行了深入的论述，如无产阶级政党必须坚持马克思主义的指导，必须以发展生产力为中心任务，必须为广大人民利益而奋斗，必须加强自身建设，等等。这一系列阐述为共产党执政提供了科学的理论指导。习近平新时代中国特色社会主义思想，继承并进一步丰富和发

展了无产阶级政党学说，创新了对共产党执政规律的认识。面对复杂的党情，习近平总书记提出，要全面从严治党，提高执政能力。全面从严治党必须坚持马克思主义，马克思主义是共产党人的"真经"，要念好"真经"再去"西天取经"；全面从严治党必须把政治建设摆在首位，政治建设决定党的建设方向和效果，是党的根本性建设；全面从严治党要加强党的纪律建设，把纪律建设摆在突出的位置，是治本之策；全面从严治党要与伟大斗争、伟大事业、伟大梦想结合起来；全面从严治党要把制度建设贯穿始终；等等。这一系列关于党的建设的重要论述，既体现出对马克思主义政党理论的历史继承性，同时又具有鲜明的时代创新性，进一步深化了对共产党执政规律的新认识。

（二）习近平新时代中国特色社会主义思想的科学性体现在其深化了对社会主义建设规律的认识

站在新的历史起点，习近平总书记审时度势、高屋建瓴，不断总结社会主义建设经验，探索社会主义建设规律，提出了一系列新思想和新观点。例如，坚持和发展中国特色社会主义必须坚持党的领导，发挥党的领导核心作用；必须准确把握我国发展的历史阶段和社会的主要矛盾，明确新时代我国仍处于社会主义初级阶段，对社会主要矛盾作出了新的重大判断；必须制定科学的发展战略，提出全面建成小康社会的战略目标，并在此基础上，分两步走建成社会主义现代化强国；坚持和发展中国特色社会主义必须全面深化改革，将改革开放进行到底；坚持和发展中国特色社会主义必须把人民对美好生活的向往作为奋斗目标，发展成果要更多更公平惠及全体人民；等等。这些新思想为新时代中国特色社会主义建设提供了理论指导，同时也进一步深化了对社会主义建设规律的认识，彰显了新思想的科学性。

（三）习近平新时代中国特色社会主义思想的科学性体现在其丰富了对人类社会发展规律的认识

认识人类社会发展规律是深化共产党执政规律和社会主义建设规律的基础，反过来，对共产党执政规律和社会主义建设规律的认识和深化会更进一步促进对人类社会发展规律的认识和深化。习近平在探索本国政党执政规律和社会主义建设规律的同时也进一步深化了对人类社会发展规律的认识。他站在全球视野和把握人类社会发展大势，提出了构建人类命运共同体的思想，主张要和平发展、合作共赢，反对战争、对抗、单赢和贫穷，直面当今世界和全球的各种现实问题，提供具有中国特色的"智慧"和"方案"，这不仅是对世界和平发展的美好未来作出了中国式探索，同时也是对人类社会发展规律认识的深化和实践应用表现。新思想因其深刻认识人类社会发展规律而更彰显出其科学性。

第二节　马克思主义理论的人民性

人民性是马克思主义理论的永恒主题，贯穿理论发展的全过程。从马克思主义的创始人到马克思主义的继承者和创新者，都始终把人民作为出发点和最终旨归。马克思主义为了人民而创立，在依靠人民中得到发展，在为人民服务中实现与时俱进和理论创新。

一、马克思主义、列宁主义的人民性

（一）马克思主义的人民性

人民性彰显出马克思主义最根本的价值追求。人民性这一概念并非马克思首先提出的，但是在重视人民性上，却始终贯穿马克思主义发展的始终。

1. 在转向人民立场中明确马克思主义的人民性

马克思和恩格斯并非一开始就树立了人民立场，而是经历了一个转变的过程。这种转变是伴随着马克思、恩格斯的世界观和政治立场的转变而发生的。马克思成为一名革命民主主义者，实现个人思想的转变是在参加政治斗争和批判黑格尔哲学中实现的。1842年4月，马克思在《莱茵报》工作期间的一次辩论中提出了"自由报刊的人民性"①，强调报刊要注重与人民群众的联系，人民群众对报刊的认可、赞同和支持是报刊生存、发展的重要考量条件。

---

① 中共中央马克思恩格斯列宁斯大林著作编译局.马克思恩格斯全集：第1卷［M］.北京：人民出版社，1995：49.

在这里马克思开始关注人民的利益，积极投身为人民利益而进行的政治斗争，逐步转向人民立场。1843年，马克思发表《黑格尔法哲学批判》，开始明显转向唯物主义和共产主义的人民立场。此后，马克思在《论犹太人问题》《〈黑格尔法哲学批判〉导言》以及《1844年经济学哲学手稿》中，进一步阐述了政治解放、人类解放和无产阶级历史使命的问题，开始构建自己的理论体系，完成了向人民立场的转变。恩格斯人民立场的转变是在对资本主义经济的批判中实现的。这一转变几乎与马克思同时。恩格斯在经商中看到了劳动人民生活的艰辛，也切身体验到资产阶级的残酷剥削，这促使恩格斯的思想转变。此后，在费尔巴哈唯物主义、人本主义影响下，恩格斯参加了青年德意志运动，逐渐转向青年黑格尔派，特别是在与谢林的论战中，恩格斯开始转向费尔巴哈的唯物主义，随着《政治经济学批判大纲》《英国状况》的发表，恩格斯转变为一个坚定的唯物主义者，他的人民立场在这一过程中也得到逐步确立。也正是在转向人民立场的过程中，马克思、恩格斯明确了马克思主义的人民性。此后在《共产党宣言》中，马克思和恩格斯对人民立场思想做了科学的系统阐释。

2. 在坚定人民立场中坚定马克思主义的人民性

明确人民性才能进一步坚定人民性，马克思、恩格斯在转向人民立场中明确了马克思主义的人民性，又在坚定人民立场中坚定了马克思主义的人民性。正如《共产党宣言》中所讲："过去的一切运动都是少数人的或者为少数人谋利益的运动。无产阶级的运动是绝大多数人的、为绝大多数人谋利益的独立的运动。"[1]这正是马克思、恩格斯坚定人民立场的公开宣言，进一步明确了无产阶级的初心和使命是为了绝大多数人民谋利益，彰显出马克思主义坚定的人民性。系统总结马克思和恩格斯的诸多论述，其关于人民立场的思想可以总结为以下四个方面。第一，关于人民的历史地位。马克思指出："历史的活动是群众的活动"[2]，人民群众是历史的创造者。在历史活动中创造社会物

---

① 中共中央马克思恩格斯列宁斯大林著作编译局. 马克思恩格斯选集：第1卷［M］. 北京：人民出版社，2012：411.

② 中共中央马克思恩格斯列宁斯大林著作编译局. 马克思恩格斯文集：第1卷［M］. 北京：人民出版社，2009：287.

质财富和精神财富，由此成为社会变革中的决定力量，在这里始终强调人民的主体地位。第二，关于人民立场的思想逻辑。在马克思和恩格斯看来，人民立场的出发点是现实社会中的人，是现实社会中从事实际活动的人，是以劳动实践为基础展开的，劳动实践是人特有的生存和活动方式。人民立场的最终归宿是要实现人的自由而全面的发展。马克思和恩格斯关于人民立场的思想逻辑即是作为现实的社会的人在劳动实践中来实现自由而全面的发展。第三，关于人民立场的思想特点。与以往哲学家关注英雄人物的历史作用不同，马克思和恩格斯的人民立场坚持把人民作为历史的主体，并且强调主体的多数人特质，认为历史是由每一个个体构成的人民群体实践活动的展开。通过批判资产阶级的腐朽落后，揭露资本主义剥削工人阶级的实质，提出"自由人联合体"的思想，体现出马克思主义人民立场的批判性和构建性。第四，关于人民立场的现实性。马克思人民立场的终极目标指向是人类的解放。马克思将人民立场贯穿解放人类的全过程，将其作为理论和实践活动的价值支撑，这就使目标的实现更具现实的可能性和科学性。马克思始终强调代表无产阶级的共同利益，把人民性融入共产党人的血液中。

（二）列宁主义的人民性

列宁主义的人民性是在继承马克思主义人民立场思想基础上结合俄国实际形成的。早在俄国十月革命之前，列宁就强调一个政党要与人民群众保持真正的联系，要善于领导群众。十月革命胜利后，俄国共产党由革命党转变成执政党，列宁更加注重执政条件下政党的人民性，在开展俄国社会主义实践中始终坚守人民立场。

一是始终把改善人民生活放在首位。俄国是第一个将马克思主义应用于实践并取得革命成功的社会主义国家。对于如何在一个社会主义国家改变经济落后状况，发展社会生产力，改善人民生活，马克思恩格斯并没有提供现成的解决方案。列宁经过反复的实践和探索，针对俄国实际提出了坚持以人民为中心的施政方案。如用粮食税代替余粮收集制，"采取紧急的、认真的措施来提高农民的生产力"①；利用商品市场促进新经济与农民经济的结合，实现流转自由"对于农民来说是一种刺激、动因和动力"②；利用资本主义建设社会主义。列宁认为，在无产阶级取得胜利和掌握生产资料的前提下，引导农民走合作化道路，并不是走资本主义，是为社会主义服务，是发展社会主义经济和提高农民生活水平的需要。

二是始终以人民为中心探索行之有效的领导原则和方法。列宁历来强调政党的领导作用。他认为，"党是阶级的先进部队，是阶级的领导者和组织者"③。俄共执政后，列宁进一步强调要坚守人民立场，并探索出一套比较完备的领导原则和方法。如强调学习永远是执政党的首要任务。"我们今天最重要的任务就是学习再学习"④，提出要学习驾驭国家机关的本领，要学习现代科学知识，要学习无产阶级政党理论；强调要提高"管理俄国"的能力。从提高经济建设本领、政治建设本领和文化建设本领三个方面提出了具体要求和措施；强调要讲究领导方法和艺术。坚持唯物辩证法，辩证对待资本主义，限制和利用资本主义，善于抓住机遇，搞好调查研究，掌握农民和农村的真实情况，合理调整政策等。

三是始终坚持建立和完善密切联系群众的工作机制。列宁指出，"先锋队只有当它不脱离自己领导的群众并真正引导全体群众前进时，才能完成其先锋队的任务"⑤。相信群众、依靠群众，与人民群众保持血肉联系，这是列宁领导俄国革命和建设的制胜法宝。列宁强调，"不接近群众，就会一事无成"⑥，他积极建议党的干部要深入基层，担任县、乡一级的工作，深入群众了解社

---

① 中共中央马克思恩格斯列宁斯大林著作编译局.列宁全集：第41卷［M］.北京：人民出版社，2017：207.

② 中共中央马克思恩格斯列宁斯大林著作编译局.列宁全集：第41卷［M］.北京：人民出版社，2017：73.

③ 中共中央马克思恩格斯列宁斯大林著作编译局.列宁全集：第10卷［M］.北京：人民出版社，2017：1.

④ 中共中央马克思恩格斯列宁斯大林著作编译局.列宁全集：第43卷［M］.北京：人民出版社，2017：291.

⑤ 中共中央马克思恩格斯列宁斯大林著作编译局.列宁全集：第43卷［M］.北京：人民出版社，2017：23.

⑥ 中共中央马克思恩格斯列宁斯大林著作编译局.列宁全集：第43卷［M］.北京：人民出版社，2017：520.

情民意，保障与人民群众沟通渠道的畅通无阻。在具体政策的制定上，把群众利益放在首位。强调无产阶级政党与人民群众的根本利益是一致的，应以人民群众的需要和时代的发展变化适时作出政策的调整。同时还特别注重发挥群众组织的作用，注意开展群众工作的方式方法，保证党与人民群众的有效沟通和顺畅交流。

二、毛泽东思想、邓小平理论、"三个代表"重要思想和科学发展观的人民性

以人民为中心是马克思主义的基本观点，毛泽东思想、邓小平理论、"三个代表"重要思想和科学发展观作为马克思主义中国化的理论成果，也一脉相承地体现了马克思主义理论的人民性。

（一）毛泽东思想的人民性

毛泽东思想是在革命和建设过程中形成和发展起来的。无论是在革命时期还是在社会主义建设时期，毛泽东都始终坚持人民主体地位，深刻体现了毛泽东思想的人民性。

人民是推动社会发展的主体力量，是社会进步的根本动力。早在民主革命时期，毛泽东就深入分析了当时中国社会的各股力量，并对这些社会力量作以对比。在其撰写的《中国社会各阶级的分析》一文中，深刻阐述了"谁是我们的敌人？谁是我们的朋友"[1]，通过对当时社会各种力量的分析对比，毛泽东得出人民群众是中国革命最可依靠的力量，是取得胜利的根本动力。此后，毛泽东又提出"兵民是胜利之本"[2]的著名论断，认为"人民，只有人民，才是创造世界历史的动力"[3]，深入阐释了人民在推动社会发展中的重要作用，揭示人民是社会进步的主体力量。

树立全心全意为人民服务的宗旨。全心全意为人民服务是毛泽东思想人民性的根本指向，他始终要求广大党员要把人民利益放在首位。在多个场合

---

[1] 毛泽东．毛泽东选集：第1卷 [M]．北京：人民出版社，1991：3.

[2] 毛泽东．毛泽东选集：第2卷 [M]．北京：人民出版社，1991：509.

[3] 毛泽东．毛泽东选集：第3卷 [M]．北京：人民出版社，1991：1031.

多次阐述为人民服务的理念。在《为人民服务》一文中，第一次明确提出"为人民服务"的科学概念。在《论联合政府》的工作报告中将"全心全意为人民服务"确定为党的"唯一宗旨"。此后，又将这一宗旨写入中共七大通过的党章中。

坚持"从群众中来，到群众中去"。"从群众中来，到群众中去"是毛泽东一贯坚持的领导方法和工作方法。早在革命时期，毛泽东就讲道："凡属正确的领导，必须是从群众中来，到群众中去。"①强调要以甘当小学生的精神向群众虚心求教，确保方针政策的制定要问计于群众。要善于了解群众意见，研究群众需求，决策要符合群众利益。政策执行要自觉接受群众检验。

（二）邓小平理论的人民性

邓小平理论形成于改革开放的伟大实践中，是在探索如何解决中国经济发展和人民生活水平提高的迫切现实问题中产生的，其突出特色即是理论的人民性。

1. 以为人民谋利益为价值取向

邓小平坚持辩证唯物主义和历史唯物主义，按照历史唯物主义的观点来分析和解决问题，他指出，"正确的政治领导的成果，归根结底要表现在社会生产力的发展上，人民物质文化生活的改善上"②。真正的马克思主义政党，必须致力于提高人民生活水平，为人民谋利益。为此，他提出了经济发展"三步走"战略和"三个有利于"标准，强调解放生产力、发展生产力，实现人民共同富裕。

2. 以群众路线为工作方法

邓小平特别强调要坚持群众路线，他指出："党的正确的路线、政策是从群众中来的，是反映群众的要求的，……，同时又是反过来领导群众的，这就叫群众路线。"③邓小平强调走群众路线，在倾听群众声音、了解群众需要、解决群众诉求中带头践行群众路线，始终坚持为了群众、依靠群众、为群

---

① 毛泽东.毛泽东选集：第3卷［M］.北京：人民出版社，1991：899.

② 邓小平.邓小平文选：第2卷［M］.北京：人民出版社，1994：128.

③ 邓小平.邓小平文选：第1卷［M］.北京：人民出版社，1994：288.

服务,适时作出改革开放的科学决策,建立经济特区,实行市场经济。在农村改革中,创造性地实行了家庭联产承包责任制,鼓励和推动农村乡镇企业的发展。这一系列决策都是走群众路线的经验总结,正如邓小平所言:"农村改革中的好多东西,都是基层创造出来的,我们把它拿来加工提高作为全国的指导。"①

3. 以广大人民为实践主体

发展为了人民,同样发展也要依靠人民。邓小平认为,搞社会主义现代化建设必须紧紧依靠工人、农民和知识分子,必须团结全国各族人民,必须形成最广泛的爱国统一战线。这种大依靠、大团结、大统一正是以广大人民为实践主体,由人民来创造历史的生动体现。

(三)"三个代表"重要思想的人民性

"三个代表"重要思想既一脉相承,又与时俱进。它进一步拓展了马克思主义理论的人民性。

1. 进一步拓展了人民群众的范畴

坚持人民群众的主体地位是"三个代表"重要思想的题中之义,同时面对新的世情、国情和党情,江泽民紧跟时代步伐,结合社会主义建设实际,将人民群众的范畴进一步拓展为包括工人阶级、农民阶级、知识分子以及在改革开放中新出现的一些社会阶层和群体,如私营企业主、外资企业的管理技术人员、个体户、自由职业者、民营科技企业的技术人员等。

2. 进一步将人民根本利益同社会主义建设实际相结合

江泽民创造性地发展了马克思关于实现人的全面发展的理论。将实现人的全面发展同中国特色社会主义建设有机结合。他指出,在建设有中国特色社会主义事业的各项具体工作中,着眼点和立足点是人民,要以满足人民物质文化生活需要为目标,以提高人民素质为目标,在立足人民、服务人民、满足人民需求中实现人的全面发展。将社会发展目标与人民根本利益有机统一起来,更加具体现实地明确了代表"谁"的利益这一价值目标指向。

---

① 邓小平.邓小平文选:第3卷[M].北京:人民出版社,1993:382.

3. 进一步将人民根本利益的实现与社会历史进程相统一

人是社会中的人,人民根本利益的实现是与社会历史进程的发展分不开的。江泽民将人民根本利益的实现同社会主义建设的伟大历史进程相结合,强调要在促进社会主义社会的全面进步中不断满足人民群众的物质、文化等各方面的诉求,进而实现人的自由而全面的发展。

(四)科学发展观的人民性

胡锦涛指出,"要始终把实现好、维护好、发展好最广大人民的根本利益作为党和国家一切工作的出发点和落脚点,……,做到发展为了人民,发展依靠人民,发展成果由人民共享"①。这充分体现出科学发展观的人民性。

1. "发展为了人民"体现其价值目标的人民性

科学发展观其核心是以人为本。以人为本最首要的是把人作为实践对象和目的,即要以实现人的需求为目标。发展为了人民恰是对以人为本的价值目标的核心体现,即要以实现人的全面发展为目标。正如胡锦涛所说:"坚持以人为本,就是要以实现人的全面发展为目标,……让发展的成果惠及全体人民。"②

2. "发展依靠人民"体现其价值主体的人民性

树立和落实科学发展观,最可依靠的主体即是人民群众。尊重群众首创精神,发挥群众力量,调动人民群众的积极性、主动性,才能最终实现科学和可持续发展。胡锦涛指出,"深入贯彻落实科学发展观,根本在于发挥人民主体作用"③。

3. "发展成果由人民共享"体现其价值评价的人民性

从价值评价主体来看,科学发展观落实得好不好,落实得到位不到位,广大人民群众是"最高裁决者"。落实的效果如何,要看发展成果是由广大人民群众共享还是少数特殊群体享有。胡锦涛在党的十七大报告中指出,必须在经济发展的基础上,促进社会公平正义,在教育、医疗、养老、住房和社

---

① 胡锦涛.胡锦涛文选:第2卷[M].北京:人民出版社,2016:624.
② 胡锦涛.胡锦涛文选:第2卷[M].北京:人民出版社,2016:166.
③ 中共中央文献研究室.十七大以来重要文献选编:中[M].北京:中央文献出版社,2011:321-322.

会保障等方面惠及全体人民，推动构建和谐社会。这恰恰是科学发展观价值评价标准人民性的深刻体现。

三、习近平新时代中国特色社会主义思想的人民性

习近平新时代中国特色社会主义思想秉承中国共产党人为中国人民谋幸福，为中华民族谋复兴的初心和使命，立足新时代中国发展建设实际，形成了新时代治国理政的新思维，鲜明地体现了马克思主义理论的人民性。

（一）"五位一体"总布局凸显人民性

党的十八大提出建设经济、政治、文化、社会、生态文明的"五位一体"总布局。此后，新一代领导集体在习近平总书记的领导下，坚持以人民为中心，围绕"五位一体"统筹规划、谋篇布局。真正将党的治国理政理念与实践落实到为人民谋幸福的初心和使命上。

在经济建设上，实行供给侧结构性改革，适应和引领经济发展新常态。努力实现经济更快更好发展，不断满足群众多样化的现实需要，不断迈向共同富裕。正如习近平指出，新时代是"全国各族人民团结奋斗、不断创造美好生活、逐步实现全体人民共同富裕的时代"[①]。

在政治建设上，提出"发展社会主义民主政治就是要体现人民意志、保障人民权益、激发人民创造活力，用制度体系保证人民当家作主"[②]。为此，大力推进社会主义协商民主的广泛、多层、制度化发展，坚持和完善新型政党制度，保障了人民政治参与的有序性和广泛性，提高了人民参与决策的积极性和主动性，从而更好地保障了人民当家作主的实现和人民群众切身利益的满足。

在文化建设上，坚持用社会主义核心价值观凝魂聚力，既体现出人民群众在国家层面上要实现"富强、民主、文明、和谐"的愿望，又体现出人民群众在社会层面上要实现"自由、平等、公正、法治"的要求，同时也体现

---

① 中共中央宣传部.习近平新时代中国特色社会主义思想学习纲要［M］.北京：学习出版社，2019：16.

② 中共中央宣传部.习近平新时代中国特色社会主义思想学习纲要［M］.北京：学习出版社，2019：126.

出人民群众自身发展的"爱国、敬业、诚信、友善"的基本规范要求。

在社会建设上，关注民生、保障民生。把教育放在优先发展的战略地位，不断促进实现教育公平。积极推进高质量就业，带动人民收入的整体提高。实现养老保险全国统筹，保障退休人员的基本需求等。"使人民获得感、幸福感、安全感更加充实、更有保障、更可持续。"①

在生态文明建设上，提出"绿水青山就是金山银山"的发展理念，强调人与自然的和谐共生，倡导绿色发展方式和生活方式，实现中华民族永续发展。

（二）"四个全面"战略布局体现人民性

1. 人民性在全面建成小康社会中得以体现

党的十八大提出全面建成小康社会，这不仅是对中国经济发展的战略要求，更是实现人民美好生活向往的最终旨归。"小康不小康，关键看老乡。"②"没有农村的小康，特别是没有贫困地区的小康，就没有全面建成小康社会。"③习近平的小康观已深刻体现出其鲜明的人民性。

2. 人民性在全面深化改革中得以体现

改革开放40多年带来了国民经济的迅速发展，综合实力的明显提升，人民生活的显著改善，但改革中也出现了许多深层次的矛盾和问题。习近平指出，必须全面深化改革，"让人民群众有更多获得感"，做到"人民有所呼、改革有所应"，以人民诉求为风向标，以人民需要为动力源，以人民获得感为试金石，充分彰显了全面深化改革的人民性。

3. 人民性在全面依法治国中得以体现

一个国家法治的实现程度是其治理能力和治理体系现代化的重要体现。习近平指出，"没有全面依法治国，我们就治不好国、理不好政，我们的战略布局就会落空"④。在全面推进依法治国中，坚持科学立法，保障人民当家作主

---

① 中共中央史和文献研究院，中央"不忘初心、牢记使命"主题教育领导小组办公室．习近平关于"不忘初心、牢记使命"论述摘编［M］．北京：党建读物出版社，2019：14.

② 习近平．习近平谈治国理政：第2卷［M］．北京：外文出版社，2017：23.

③ 习近平．习近平谈治国理政：第1卷［M］．北京：外文出版社，2018：189.

④ 习近平．习近平谈治国理政：第2卷［M］．北京：外文出版社，2017：24.

的权利和义务。坚持严格执法，保障法律面前人人平等。坚持公正司法，切实做到人民司法为人民、人民司法靠人民。坚持全民守法，增强全民法治观念，提升法律意识。

4. 人民性在全面从严治党中得以体现

习近平总书记在十九届中央纪委四次会议上指出，要坚持以人民为中心的工作导向，以优良作风决胜全面建成小康社会、决战脱贫攻坚。坚持以人民为中心，是全面从严治党的根本价值取向。十八大以来，党中央多措并举，坚守人民立场，大力突出政治建设；坚持人民主体性，高度重视思想建设；努力提高服务人民水平，加强组织建设；保持与群众的血肉联系，改进作风建设；强化党员责任意识，不断推进纪律建设；保障人民权利，夯实制度建设。在全面从严治党中深刻体现了人民至上的为民情怀。

（三）"新发展理念"践行人民性

"创新、协调、绿色、开放、共享"这一新发展理念，围绕发展依靠人民、为了人民、成果由人民共享，统筹应对当前中国发展面临的难题，提出了创造性的解决办法，深刻体现出习近平新时代中国特色社会主义思想的人民性。

创新规定了新时代的发展方式，协调规定了新时代发展的均衡性，绿色规定了新时代发展的接续性，开放规定了新时代发展的全球性，共享规定了新时代发展的目标性。这五大理念围绕新时代的发展所提出的要求，虽各有侧重，但其始终都围绕一个核心，即是人民。新发展理念所倡导的创新是以人民为主体的创新，协调是围绕人民实现均衡发展的协调，绿色是可持续发展、和谐共生的绿色，开放是为了人民的开放，共享更是为了人民实现共享。新发展理念不仅要做大"蛋糕"，还要分好"蛋糕"，不仅要一部分人先富，还要实现共富，其最终的实践归宿和价值导向是让人民获得更多的参与感、获得感和幸福感。"以人民为中心"不是停留在口头上，而是伴随着新发展理念的不断推进落实到党治国理政的具体实践中，深刻体现出"新发展理念"的人民性。

第三节 马克思主义理论的实践性

马克思主义理论是实践的理论。马克思指出，"哲学家们只是用不同的方式解释世界，而问题在于改变世界"[①]。理论只有应用于实践，指导实践，才能真正发挥理论的作用，彰显理论的魅力和价值光芒。

一、马克思主义、列宁主义的实践性

（一）马克思主义的实践性

马克思主义的实践性是在批判旧唯物主义过程中得以确立和形成的。实践性是马克思主义最基本的理论特质。马克思在《关于费尔巴哈的提纲》《德意志意识形态》等论著中，清晰地阐释了关于实践的观点，科学揭示了实践的内涵，体现出马克思主义的实践性。

1. 马克思主义认为实践是人类认识世界把握世界的基本方式

在马克思看来，"全部社会生活在本质上是实践的"[②]，"从前的一切唯物主义的主要缺点是：对对象、现实、感性，只是从客体的或者直观的形式去理解，而不是把它们当作感性的人的活动，当作实践去理解，不是从主体方面去理解"[③]。这就在批判旧唯物主义的同时揭示了人类社会的实践本质。认为实践是人的生存基础，同时实践又是人的意识活动的基础，是人的社会关系的基础。社会生活在本质上来讲是通过实践形成人与人、人与自然以及人与其意识的关系，在实践中形成社会物质、精神和政治生活领域，实践成为社会发展的动力。而这一切实践活动都是依赖人类作为实践主体展开的，人类通过实践活动掌握认识世界、把握世界的基本方式和规律。这就从根本上改变了以往对哲学功能的基本阐释，由哲学只是解释世界进而转向依靠实践来改

---

① 中共中央马克思恩格斯列宁斯大林著作编译局.马克思恩格斯选集：第1卷［M］.北京：人民出版社，2012：140.

② 中共中央马克思恩格斯列宁斯大林著作编译局.马克思恩格斯选集：第1卷［M］.北京：人民出版社，2012：135.

③ 中共中央马克思恩格斯列宁斯大林著作编译局.马克思恩格斯选集：第1卷［M］.北京：人民出版社，2012：133.

造世界，马克思的实践论实现了哲学思维方式的一次深刻变革。

2. 马克思主义认为实践具有物质性、能动性、社会性和历史性

马克思认为，"一当人开始生产自己的生活资料，即迈出由他们的肉体组织所决定的这一步的时候，人本身就开始把自己和动物区别开来"[①]。人们以物质生产这一实践来实现人与自然、人与社会之间的物质交换活动，体现实践的物质性。同时实践又是具有能动性的。人与动物根本的区别就在于人通过改变自然界来达到支配自然界、使自然界为自己服务的目的，在这一过程中劳动实践起到至关重要的作用。而人对客观世界的改造是在不断进行的，这也就体现出生产实践劳动在不断改造世界中的能动性特征。实践的社会性是由实践的主客体的社会性所决定的。实践归根到底是作为实践主体的人所进行的生产劳动活动。而人是社会的人，生产活动也是社会范围内的生产活动，人的社会属性和生产活动的社会属性决定了实践的社会性。正如马克思所言，"一定的生产方式或一定的工业阶段始终是与一定的共同活动的方式或一定社会阶段联系着的"[②]。实践的历史性是和实践的社会性相联系的。马克思认为，生产力是人的实践活动的结果，但人的实践活动会受到多种条件和因素的制约，这就造成了不同时代、不同社会条件下人的实践能力的差别，生产力也因此呈现出不同的发展水平。在生产力不断进步这一纵向发展轨迹中逐步形成了人类的历史，而人类的实践活动也必然随着历史的发展而逐渐发展，体现出实践的历史性。

3. 马克思主义认为实践是检验认识真理性的唯一标准

马克思认为，实践是检验认识是不是真理的标准，而且是唯一标准。他自觉地将理论指导与实践检验相结合，在实践检验中来验证理论的真理性和科学性。在马克思看来，思维的客观真理性，不是靠理论来检验的，而是一个实实在在的实践问题，要在实践的检验中才能证明人的思维是否具有科学性和真理性，也就是要在实践中验证思维是否具有现实性和真理力量。离开

---

① 中共中央马克思恩格斯列宁斯大林著作编译局.马克思恩格斯选集：第1卷［M］.北京：人民出版社，2012：147.

② 中共中央马克思恩格斯列宁斯大林著作编译局.马克思恩格斯选集：第1卷［M］.北京：人民出版社，2012：160.

实践去谈人的思维的真理性，只能是陷入纯粹的经院哲学的误区。可以说，马克思将实践看成是客观的物质存在，这一客观存在的实践活动决定人的认识的形成，也是通过这一客观存在的实践活动来检验人的认识真理性。这就从唯物史观的角度阐释了实践对认识的决定作用。

（二）列宁主义的实践性

列宁主义继承了马克思主义的实践观点，并在此基础上进一步丰富和发展。

1. 进一步丰富了马克思主义关于实践概念的阐述以及实践的内容

列宁指出，"用来作为认识论的标准的实践应当也包括天文学上的观察、发现等等的实践"①。这就进一步扩大了实践的内容和范围。认为实践不仅包括实际的物质活动，还包括主观的能动的思维活动，如观察、发现等思维活动等，继而得出实践是人们能动的研究和改造客观世界的一切物质活动的概念。

2. 进一步分析了实践的特点

列宁指出，"实践高于（理论的）认识，因为它不仅具有普遍性的品格，而且还具有直接现实性的品格"②。实践包括主观和客观、主体和客体的因素，是"概念和实在之间的对立的扬弃"。这就指出了实践不仅具有马克思所说的物质性、能动性、社会性和历史性的特点，而且还具有中介性和直接现实性的特点。

3. 强调实践对认识的作用

列宁从认识论的视角对实践的作用进行分析和考察，他肯定实践对社会历史的作用，但更注重实践对认识的作用的分析。他指出，"活动的结果是对主观认识的检验和真实存在着的客观性的标准"③。认为人的主观理念在走向客观真理的过程中必然要经过实践的检验。实践让理论更富生机和活力，同时

---

① 中共中央马克思恩格斯列宁斯大林著作编译局.列宁选集：第2卷［M］.北京：人民出版社，2012：100.

② 中共中央马克思恩格斯列宁斯大林著作编译局.列宁全集：第55卷［M］.北京：人民出版社，2017：8.

③ 中共中央马克思恩格斯列宁斯大林著作编译局.列宁全集：第55卷［M］.北京：人民出版社，2017：188.

实践过程也对理论加以改进和修正，理论的正确与否，指导价值如何最终由实践来加以检验。

4. 明确提出认识要与实践相结合

列宁指出，"人的意识、人的实践，本身之所以会妨碍达到自己的目的，就是因为意志把自己与认识分开，……必须把认识与实践结合起来"①。认识脱离实践会导致唯心主义，要在改造客观世界的过程中取得成功，就必须坚持将人的主观认识与客观实践活动相结合，既要发挥实践检验认识、发展认识的能动作用，也要注重认识对实践的反作用。

二、毛泽东思想、邓小平理论、"三个代表"重要思想和科学发展观的实践性

理论来源于实践，又指导实践。"离开革命实践的理论是空洞的理论，而不以革命理论为指南的实践是盲目的实践。"②纵观人类历史发展进程，推动人类进步的实践都是在理论的指导下进行的，科学理论只有指导实践，才能变为改造客观世界、推动社会发展的物质力量。理论与实践二者之间是辩证统一的。马克思主义理论的实践性，深刻地体现在马克思主义与中国革命、建设实际相结合所形成的科学理论中。

（一）毛泽东思想的实践性

早在延安整风时期，毛泽东就曾经对主观主义学风进行了尖锐的批评，他指出："许多人是做研究工作的，但……只把兴趣放在脱离实际的空洞的'理论'研究上。许多人是做实际工作的，他们也不注意客观情况的研究，往往单凭热情，把感想当政策。"③正可谓是"墙上芦苇，头重脚轻根底浅；山间竹笋，嘴尖皮厚腹中空"④。毛泽东的尖锐批评深刻地反映出其强烈的问题意识

---

① 中共中央马克思恩格斯列宁斯大林著作编译局.列宁全集：第55卷［M］.北京：人民出版社，2017：185.

② 中共中央马克思恩格斯列宁斯大林著作编译局.斯大林选集：上卷［M］.北京：人民出版社，1979：199 –200.

③ 毛泽东.毛泽东选集：第3卷［M］.2版.北京：人民出版社，1991：799.

④ 毛泽东.毛泽东选集：第3卷［M］.北京：人民出版社，1991：800.

和实践导向，也体现出其思想具有深刻的实践性。

1．深刻论述了认识和实践的关系

毛泽东在《人的正确思想是从哪里来的？》这篇文章中就深刻表达了思想只能从实践中来，他把实践具体化为生产斗争、阶级斗争和科学实验。[1] 他认为实践是认识的源泉和基础，只有通过实践才能形成认识，强调要一切从实际出发，坚持理论与实践相结合。在实践中探索客观事物的发展规律，实现实践与认识在主观和客观上的统一。

2．深刻阐释了实践是检验真理的唯一标准

毛泽东认为，检验认识真理性的标准只有一个，也只能有一个，那就是实践。实践是认识真理的唯一标准。他指出，"真理只有一个，而究竟谁发现了真理，不依靠主观的夸张，而依靠客观的实践"[2]。正是坚持实践检验真理的标准，毛泽东成功开辟出一条不同于俄国的具有中国特色的"农村包围城市，武装夺取政权"的革命道路。

3．深刻阐释了人民的实践主体地位

毛泽东在肯定人民的实践主体地位的基础上，进一步从主客观的关系上分析了人的主观能动性与客观条件的作用，认为既不能片面夸大人的主观能动性，也不能一味强调客观条件的作用，要实事求是分析事物发展过程中的主客观条件。

（二）邓小平理论的实践性

邓小平将马克思主义与中国建设实际相结合，在实践中研究、发现和解决中国社会主义建设问题，体现了鲜明的实践性。

1.在总结历史经验教训中强化实践的重要性。

粉碎"四人帮"后，邓小平认真总结历史经验，坚持解放思想、实事求是，强调现代化建设要结合中国实际。要"把马克思主义的普遍真理同我国的具体实际结合起来，走自己的道路，建设有中国特色的社会主义，这就是

①　中共中央文献研究室．毛泽东文集：第8卷［M］．北京：人民出版社，1999：42．

②　毛泽东．毛泽东选集：第2卷［M］．北京：人民出版社，1991：663．

我们总结长期历史经验得出的基本结论"①。以邓小平为核心的党中央正是以中国实践为基础，吸取经验教训，广泛开展真理标准问题大讨论，从中国实际出发，拨乱反正，从而使中国的社会主义建设重新回到正确的轨道上来。

2. 在探索改革开放的伟大实践中验证实践检验标准的真理性

十一届三中全会开启了中国改革开放的新时期。邓小平积极鼓励群众实践，尊重群众的首创精神，激发群众的实践积极性。号召群众"看准了的，就大胆地试，大胆地闯"②。在邓小平改革开放思想的指引下，成功开创了经济特区、农村家庭联产承包责任制等经济体制改革和发展模式。而这些实践的成功也进一步印证了邓小平改革开放理论的科学性和指导性，验证了实践检验标准的真理性。

3. 在社会主义建设成就中彰显实践的价值性

邓小平指出，"不搞争论，是我的一个发明，不争论，是为了争取时间干。一争论就复杂了，把时间都争掉了，什么也干不成"③。邓小平坚持实践第一，不迷信本本，实行市场经济改革，推进改革开放，这不仅从根本上改变了中国贫穷落后的面貌，解决了人民温饱问题，而且为中国迈向小康奠定了坚实的基础，国家的经济建设和综合国力都得到大幅度的提高。在中国特色社会主义实践中初步回答了"什么是社会主义，怎样建设社会主义"这一重要理论问题，在伟大成就中彰显出实践的价值性。

（三）"三个代表"重要思想的实践性

江泽民在新的实践基础上，进一步回答了"什么是社会主义、怎样建设社会主义和建设一个什么样的党，怎样建设党"的问题，深化了对中国特色社会主义的理解和认识。其思想体现出鲜明的实践性。

1. 进一步拓展了实践主体

在党的十六大修改的党章中将党的性质由原来的"是中国工人阶级的先锋队"修改为"是中国工人阶级的先锋队，同时是中国人民和中华民族的先

---

① 邓小平 . 邓小平文选：第3卷 [M] . 北京：人民出版社，1993：3.

② 邓小平 . 邓小平文选：第3卷 [M] . 北京：人民出版社，1993：372.

③ 邓小平 . 邓小平文选：第3卷 [M] . 北京：人民出版社，1993：374.

锋队"，进一步拓宽了党的阶级基础和群众基础。"三个代表"中的始终"代表最广大人民的根本利益"，对"中国最广大人民"的概念进一步拓展，将改革开放中出现的"个体户、私营企业主、自由职业者"等明确界定为社会主义的建设者，进一步拓展了实践主体。

2. 进一步拓展了实践客体

江泽民指出，"发展社会主义民主政治，最根本的是要把坚持党的领导、人民当家作主和依法治国有机统一起来"①。"治国必先治党，治党务必从严。""党的作风是党的形象。""我国经济体制改革的目标是建立社会主义市场经济体制，以利于进一步解放和发展生产力。""三个代表"重要思想除了继续强调加强经济建设外，还从社会主义市场经济体制改革、社会主义政治建设、党的建设等方面提出了诸多新理念和新观点，进一步拓展了实践客体范畴。

3. 进一步拓展了实践思维方法

在党的十五大报告上，江泽民明确提出"一个中心，三个着眼于"，即以正在做的事情为中心，着眼于马克思主义理论的运用、实际问题的思考和新的实践、新的发展。党的十六大报告又提出"三个解放出来"，即从不适宜的观念做法和体制、从错误和教条理解马克思主义、从主观主义和形而上学中解放出来。这些论断虽未直接围绕实践展开，但其核心仍是以中国特色社会主义实践为中心，进一步拓展了实践的思维方法。

4. 科学发展观的实践性

科学发展观来源于实践，确立于实践，落实和发展于实践，实践性一以贯之地贯穿于科学发展观的始终。胡锦涛指出："科学发展观，是立足社会主义初级阶段基本国情，总结我国发展实践，借鉴国外发展经验，适应新的发展要求提出来的。"②科学发展观立足中国改革开放和现代化建设实践，深刻总结了改革实践的成功经验，借鉴、汲取世界各国发展建设中的成功经验和失败教训，提出以人为本，全面、协调、可持续的科学发展理念。在肯定实践主体人民性的基础上，更加强调实践发展的全面、协调和可持续性。根据国

---

① 江泽民. 江泽民文选：第3卷［M］. 北京：人民出版社，2006.

② 胡锦涛. 胡锦涛文选：第2卷［M］. 北京：人民出版社，2016.

内外发展条件的变化，积极思考和敏锐洞察中国发展建设所面临的问题，围绕执政为民、解决民生疾苦、维护群众合法权益等提出以人为本的执政理念，集中精力解决发展质量不高、后劲不足、思路不清、方式落后、信心不足等问题。既明确了实践发展"以什么人为本"的问题，又明确了实践发展"以人的什么为本"的问题。彰显出科学发展观的实践性。

三、习近平新时代中国特色社会主义思想的实践性

面对新时代具有新特点的伟大斗争，习近平新时代中国特色社会主义思想科学回答了"建设什么样的中国特色社会主义、怎样建设中国特色社会主义"的问题。在探索中国建设发展的伟大实践中，树立问题意识，坚持问题导向，不断发现问题、分析问题、回答各种时代之问，彰显出马克思主义理论实践性的鲜明特色。

（一）在统筹社会主义建设全局中彰显其实践性

中国共产党一以贯之的工作准则即是以实践为着眼点，不断投身实践、回应实践和发展实践。习近平指出，"实践的观点、生活的观点是马克思主义认识论的基本观点，实践性是马克思主义理论区别于其他理论的显著特征"[①]。习近平新时代中国特色社会主义思想坚持马克思主义的实践观，继承并发展了马克思主义的实践观点，从社会主义建设全局出发，深入分析新时代社会主要矛盾的新变化，着眼于全局和长远，围绕实现"两个一百年"奋斗目标进行了全局性部署。强调在坚持党的全面领导下，推进"五位一体"总布局、"四个全面"战略布局，实行新一轮的经济、政治等各个领域的调整和改革，这一系列事关中国特色社会主义建设的全局性部署，正是习近平新时代中国特色社会主义思想的实践性体现。

（二）在扎根群众、服务群众中彰显其实践性

"实践第一"是习近平总书记一贯坚持的基本观点，是习近平新时代中国特色社会主义思想的出发点和归宿。这一实践特性是和人民性相互联系、相

---

① 习近平.在纪念马克思诞辰200周年大会上的讲话［M］.北京：人民出版社，2018.

辅相成的。实践是以人民为主体的实践，实践是为了人民的实践，实践成果要为广大人民群众所共享。新思想的实践性深刻地体现在扎根人民、服务人民中。十八大以来，以习近平同志为核心的党中央始终坚持以人民为中心，坚守人民立场，提出要打赢"两不愁三保障"的脱贫攻坚战，打好"还百姓蓝天白云、繁星闪烁"的蓝天保卫战，提出"绿水青山，就是金山银山"的新发展理念，等等，这些为民所想、为民所急、帮民解困的种种举措，正是新思想扎根群众、服务群众的实践性体现。

（三）在推动构建人类命运共同体中彰显其实践性

习近平新时代中国特色社会主义思想的实践性不仅体现在中国特色社会主义的伟大实践中，还体现在为世界发展提供中国智慧和中国方案的全球性实践中。大道至简，实干为要，建构人类命运共同体，关键在行动。人类命运共同体思想，超越一国界限，将一国发展与全球命运联系起来，通过深入推进"一带一路"的伟大实践，带动和促进周边国家的经济发展，体现出中国的大国责任和实践担当。习近平指出，"'一带一路'建设是伟大的事业，需要伟大的实践。让我们一步一个脚印推进实施，一点一滴抓出成果，造福世界，造福人民"[①]。在当下正在进行的全球抗疫行动中，中国仍是以一个负责任大国的姿态，积极为全球抗疫提供中国智慧和中国方案，携手各国加强抗疫的团结合作，投入大量人力、物力、财力积极支援各国抗疫，为维护国际公共卫生安全积极投身实践，身体力行。"构建人类命运共同体"的实践方略和自觉践行深刻体现出新思想的实践性。

第四节　马克思主义理论的发展开放性

马克思主义理论从来不是一成不变、一劳永逸的。从马克思主义创立开始，就充分吸收和借鉴了人类一切文明成果，并始终面向实际、面向世界，与时代同步，与未来同向，与时俱进地实现理论创新，展现出马克思主义理论的发展开放性。而这一发展开放性使马克思主义理论更加焕发出勃勃生机

---

① 习近平.习近平谈治国理政：第2卷［M］.北京：人民出版社，2017.

和活力，以更加坚定的理论自信笃定前行。

一、马克思主义、列宁主义的发展开放性

（一）马克思主义的发展开放性

马克思主义的发展开放性不仅体现在马克思主义孕育、形成和诞生的过程中，而且还体现在马克思主义创始人对理论不断进行自我批判、修正、完善和创新的实践中，而马克思主义的继承者们结合自身实际的理论创新更是将马克思主义的发展开放性体现得淋漓尽致。

1. 在马克思主义理论的形成中体现发展开放性

马克思主义的诞生不是闭门造车的结果，也不是完全封闭的自我独创，而是在吸收借鉴人类文明成果的基础上形成的。众所周知，马克思主义的三大理论来源为：德国古典哲学、英国古典政治经济学和法国空想社会主义。但这并不是马克思主义全部的理论来源，在马克思主义创立的过程中，马克思和恩格斯不仅系统研究了哲学、政治、文化等社会科学，还批判性地吸收和借鉴了人类自然科学的优秀成果，对英国、法国以及世界其他国家的历史和思想文化进行深入学习和探究，并与工人运动相结合，在深入工人运动实践中发现问题，进行理论提升和经验总结。可以说马克思主义的创立博采众长、兼收并蓄，以批判继承的态度吸收了人类一切文明成果，从理论来源上体现了马克思主义的发展开放性。

2. 在马克思主义的自我批判、修正、完善中体现发展开放性

马克思主义的创始人从未把自己的理论看成是真理之巅，而是始终在实践的基础上，不断对自己的理论进行修正、完善和创新。从他们对《共产党宣言》的修正和补充就可见一斑。在1872年德文版的《共产党宣言》当中，马克思和恩格斯公开承认"纲领有些地方已经过时了"[1]，并强调对原理的运用必须"随时随地以当时的历史条件为转移"[2]，在1882年俄文版的《共产党

---

[1] 中共中央马克思恩格斯列宁斯大林著作编译局.马克思恩格斯文集：第2卷［M］.北京：人民出版社，2009：15.

[2] 中共中央马克思恩格斯列宁斯大林著作编译局.马克思恩格斯文集：第2卷［M］.北京：人民出版社，2009：5.

宣言》中，马克思、恩格斯在阐述欧美资本主义国家的情况时进一步进行了调整和补充，并提出了俄国能否"直接过渡到高级的共产主义的公共占有形式"①的问题。此后在1883年和1888年的《共产党宣言》中，也都对部分内容作出了调整和修订。由此可见，马克思主义正是在不断的自我批判、自我修正、自我完善中，体现出马克思主义的发展开放性的，不断接受实践的检验，彰显出勃勃生机和活力。

3. 在马克思主义的理论创新中体现发展开放性

马克思主义不是一经创立即是绝对永恒真理。它的开创者马克思和恩格斯始终强调，理论是发展的理论，绝不能将理论看成是一成不变的重复教条。正如恩格斯所言，"我们的理论不是教条，而是对包含着一连串互相衔接的阶段的那种发展过程的阐明"②。必须将理论置于现实的基础之上才能使其成为科学。马克思主义所提供的不是穷极真理，而是在结合现实的基础上开辟了一条通往真理的广阔道路。马克思主义的继承者们结合本国实际，用本国的事实、本国的实践和本国的理论、观点继续丰富和发展着马克思主义，创造性地将马克思主义与本国实际相结合，实现了马克思主义的创新性发展，如与俄国实际相结合的列宁主义，与中国实际相结合的毛泽东思想、邓小平理论、"三个代表"重要思想、科学发展观、习近平新时代中国特色社会主义思想，这些理论创新成果，充分彰显了马克思主义的发展开放性。

（二）列宁主义的发展开放性

列宁主义是在继承、丰富和发展马克思主义的基础上得以创立的，其发展开放性深刻地体现在列宁主义的创立发展中。在如何对待马克思主义这个问题上，列宁同马克思、恩格斯的观点是一致的，认为马克思主义绝不是封闭僵化的教条，而是随时代和历史条件的变化而发展的行动指南，不能将马克思主义当成现成的公式套用，而是要结合历史阶段的不同特点，随时随地与客观实际相结合。在马克思主义的指导下，列宁深刻分析了无产阶级革命

---

① 中共中央马克思恩格斯列宁斯大林著作编译局. 马克思恩格斯文集：第1卷［M］. 北京：人民出版社，2009：379.

② 中共中央马克思恩格斯列宁斯大林著作编译局. 马克思恩格斯选集：第4卷［M］. 北京：人民出版社，1972：459.

的新实践和新情况，创造性地将马克思主义与俄国革命实际相结合，提出"一国胜利"的理论，使俄国十月革命取得了成功，成为世界上第一个社会主义国家。

面对如何进行俄国社会主义建设的问题，列宁强调，必须吸收资本主义文明中真正有价值的东西，学习和借鉴资本主义国家的先进经验和管理方式方法，为社会主义建设所用。他将资本主义文明辩证地一分为二，认为与资本主义剥削制度相联系的部分是"野蛮的文明"，而与生产力发展、人与自然相联系的，则是"有价值的文明"，是无产阶级可以吸收借鉴的部分。"社会主义能否实现，就取决于我们把苏维埃政权和苏维埃管理组织同资本主义最新的进步的东西结合得好坏，应该在俄国组织对泰罗制的研究和传授，有系统地试行这种制度并使之适用。"①对内实行新经济政策，对外与资本主义国家建立联系，使苏维埃政权迅速摆脱经济困境，20世纪的俄国在生产管理、科学研究等方面进入世界先进行列。列宁在将马克思主义与俄国革命、建设实际相结合的过程中深刻地体现出列宁主义的发展开放性。

二、毛泽东思想、邓小平理论、"三个代表"重要思想和科学发展观的发展开放性

毛泽东思想、邓小平理论、"三个代表"重要思想和科学发展观继承了马克思主义的发展开放性，在自觉将马克思主义与中国具体实际相结合的过程中不断进行理论创新，形成了马克思主义中国化的一系列理论成果。

（一）毛泽东思想的发展开放性

毛泽东思想是具有开放性的科学思想体系，这不仅体现在它的思想来源的发展开放性上，更体现在将马克思主义理论与中国实践相结合的过程中。无论在革命还是建设年代，毛泽东都始终注重理论学习和理论创新，并强调理论要与时代同步，与发展同频，与实践共振，体现了马克思主义理论发展的与时俱进和开放创新。他指出："任何国家的共产党，任何国家的思想界，

---

① 中共中央马克思恩格斯列宁斯大林著作编译局.列宁选集：第3卷［M］.北京：人民出版社，2012：511.

都要创造新的理论，写出新的著作，产生自己的理论家，来为当前的政治服务，单靠老祖宗是不行的。"① "现在，我们已经进入社会主义时代，出现了一系列的新问题，如果单有《实践论》《矛盾论》，不适应新的需要，写出新的著作，形成新的理论，也是不行的。"② 理论必须随时代的变换、社会的发展而不断创新，才能适应时代发展的要求，成为推动社会进步的强大力量。那怎样进行理论创新呢？ 毛泽东指出，"要使中国革命丰富的实际马克思主义化"③。也就是必须要把对马克思主义的学习与独创、坚持和发展有机地结合在一起，在继承和发展马克思主义的基础上结合中国实际进行理论创新。此外，毛泽东还强调，在探索社会主义建设的过程中，"一切民族、一切国家的长处都要学，政治、经济、科学、技术、文学、艺术的一切真正好的东西都要学"④，等等。这些都是毛泽东思想发展开放性的生动体现。

（二）邓小平理论的发展开放性

邓小平理论形成于改革开放的伟大实践，其形成过程体现出深刻的发展开放性。十年"文革"使中国长期处于闭关自守的状态，错失了发展建设的机遇。在总结历史经验、认真分析国情的基础上，邓小平指出："对外开放具有重要意义，任何一个国家要发展，孤立起来，闭关自守是不可能的。"⑤ 他解放思想、实事求是，适时作出了实行改革开放的伟大决策。在中国改革开放实践的基础上，与时俱进，进行理论创新，深化了共产党人对社会主义建设规律的认识，创造性地提出"贫穷不是社会主义""社会主义也可以搞市场经济""改革是中国发展生产力的必由之路""科学技术是第一生产力"等重大论断。此外，邓小平理论的发展开放性还体现在积极吸收了人类文明成果，以世界的眼光、宽广的胸怀，将中国发展与世界紧密联系起来，充分吸收借鉴包括资本主义国家在内的一切有利于中国发展建设的有益经验。他指出，社会主义要赢得与资本主义相比较的优势，就必须大胆吸收和借鉴人类

① 中共中央研究室.毛泽东文集：第8卷［M］.北京：人民出版社，1999：109.
② 中共中央研究室.毛泽东文集：第8卷［M］.北京：人民出版社，1999：109.
③ 中共中央研究室.毛泽东文集：第2卷［M］.北京：人民出版社，1993：374.
④ 中共中央研究室.毛泽东文集：第7卷［M］.北京：人民出版社，1999：41.
⑤ 邓小平.邓小平文选：第3卷［M］.北京：人民出版社，1993：117.

社会所创造的一切文明成果，吸收和借鉴当今世界各国包括资本主义发达国家的一切反映现代社会化生产规律的先进经营方式、管理方法。世界瞬息万变，科技发展一日千里，必须要在新的实践中坚持马克思主义，在发展开放性的基础上丰富和发展马克思主义。

（三）"三个代表"重要思想的发展开放性

江泽民创造性提出"三个代表"重要思想，为进一步推进改革开放伟大事业，完善社会主义市场经济体制提供了理论指导和实践遵循。发展开放性一以贯之于理论创新过程的始终。江泽民在邓小平提出的改革开放方针基础上，更进一步地强调要提高对外开放水平和层次，推动形成全方位、多层次和宽领域的对外开放格局，坚持"引进来"和"走出去"同时并举，以生动的改革实践彰显出其思想的发展开放性。同时，江泽民也进一步强调要结合实际实现理论创新，他指出："世界在变化，我国改革开放和现代化建设在前进，人民群众的伟大实践在发展，迫切要求我们党以马克思主义的理论勇气，总结实践的新经验，借鉴当代人类文明的有益成果，在理论上不断扩展新视野，作出新概括。"①他强调，进行理论创新，必须坚持两个基本原则，一是要坚持马克思主义的基本原理，二是要实事求是、解放思想。在理论与中国实际相结合的基础上，创造性地提出了"三个代表"重要思想。而这一理论成果的形成过程恰恰彰显了理论发展的开放性特征。

（四）科学发展观的发展开放性

任何一种理论的产生都是建立在人类已有的文明成果基础之上的。科学发展观也不例外。它充分汲取中华优秀传统文化的精华，批判地吸收和借鉴国外优秀文明成果，特别是资本主义国家创造的先进文明成果，汲取其他社会主义国家发展建设的经验教训，深刻体现出理论发展的鲜明的历史开放性和世界开放性；科学发展观产生于21世纪中国改革开放的实践中，是在应对改革开放的各种艰难险阻、认真总结改革实践的历史经验基础上形成的，深刻体现出理论发展的鲜明的实践开放性；"实践发展永无止境，认识真理永无

---

① 江泽民．江泽民文选：第3卷［M］．北京：人民出版社，2006：537．

止境，理论创新永无止境"①。科学发展观面向时代、面向世界、面向未来，科学发展观也必将随着时代的变化、实践的发展而实现新的理论创新，这深刻体现出理论发展的鲜明的未来开放性。

三、习近平新时代中国特色社会主义思想的发展开放性

理论开放性是理论真理性的前提。只有开放借鉴，才能实现理论的创新发展。马克思主义理论之所以具有强大的生命力，就在于其始终处于不断发展和开放之中，是随着实践和时代不断丰富和发展的理论体系。习近平新时代中国特色社会主义思想在新时代的理论创新中展现出发展开放性。

（一）习近平新时代中国特色社会主义思想在深刻洞察时代中展现发展开放性

时代是问题的口号。时代需要理论，时代需要思想，时代需要开放和创新。习近平新时代中国特色社会主义思想深刻思考社会主义理论与实践问题，在深刻洞察时代中创立了新时代的马克思主义，展现出新时代马克思主义的发展开放性。当前正处于百年未有之大变局，面对复杂的世情、国情和党情，以习近平同志为核心的党中央，深刻认识"世界怎么了？我们应该怎么办？"的复杂世情，并结合中国实际认真分析面临的现实国情，特别指出在实现中华民族伟大复兴征程中中国所面临的许多现实问题：如何保持改革发展稳定？如何化解各种矛盾风险？如何应对治国理政的诸多考验？等等。与此同时，也全面洞察中国共产党作为执政党所面临的复杂党情，指出中国共产党仍然面临着执政的"四大考验"和"四种危险"，在深刻洞察世情、国情和党情的基础上，进行了一系列的理论创新，形成了习近平新时代中国特色社会主义思想。这一思想应时代之变迁、立时代之潮头、发时代之先声，展现了新时代马克思主义理论的发展开放性。

---

① 胡锦涛.在庆祝中国共产党成立90周年大会上的讲话[M].北京：人民出版社，2011：11.

（二）习近平新时代中国特色社会主义思想在回答时代之问中展现发展开放性

问题导向是中国共产党人一贯坚持的执政立场和原则。把握了时代之问，还要回答时代之问，这是真正实现理论创新的价值和意义所在。习近平新时代中国特色社会主义思想，贯通马克思主义哲学、政治经济学和科学社会主义三大组成部分，深刻回答了新时代坚持和发展什么样的中国特色社会主义、怎样坚持和发展中国特色社会主义的时代课题。打破惯常思维、突破视野局限、摆脱理论束缚，既深入揭示马克思主义基本原理，又结合时代问题提出新观点、新理论。如提出构建新型国际关系、构建人类命运共同体、推进国家治理体系和治理能力现代化等。以全新的视野深化了对人类社会发展规律、社会主义建设规律和共产党执政规律的认识，解答时代课题，回答时代之问，实现了中国特色社会主义理论在深度和广度上的与时俱进、不断创新。

（三）习近平新时代中国特色社会主义思想在引领时代发展中展现发展开放性

它以马克思主义所独有的科学性、人民性和实践性的理论特质引领时代发展，回答时代之问，解决时代难题。在回答时代之问中构建了严密的逻辑体系和完整的理论结构，在解决时代问题中始终坚守以人民为中心的根本立场，在推动中国特色社会主义伟大实践中引领时代发展。以其独有的与时俱进品质紧跟时代步伐不断进行理论创新。习近平新时代中国特色社会主义思想，实现了马克思主义的新发展，开拓了新境界，树立了新旗帜，成为国家政治、社会生活的根本指针，它必将随着时代的发展而更加丰富，在与时俱进、不断发展中展现其理论的发展开放性。

第三章　中国共产党理论自信的实践成效

理论自信是中国共产党加强自身建设的一个永恒话题，在不同的历史时期中国共产党自觉增强理论自信也面临不同的问题。中国共产党的理论自信必须在历史前进的逻辑中前进、在时代发展的潮流中发展，才能永葆党的生命力和战斗力，带领中国人民从一个胜利走向另一个胜利。中国共产党自成立以来，以坚定的理论自信展开了一系列卓有成效的成功实践，在实践演进中彰显并不断自觉增强理论自信，为实现中华民族伟大复兴的中国梦注入了强大的精神力量，也为新时代中国共产党增强理论自信积累了宝贵的经验。

第一节　中国共产党理论自信的主要实践

回首中国革命、建设和改革史，我们党历经艰辛最终选择了科学的理论成立了中国共产党，树立对马克思主义的理论自信建立了新中国，坚定中国特色社会主义理论自信，实行改革开放，富裕了中国。随着中国特色社会主义进入新时代，中国共产党正以更加坚定的理论自信带领中国人民踏上了建设社会主义现代化强国的新征程。

一、选择科学理论成立中国共产党

习近平在纪念马克思诞辰200周年大会上指出："历史和人民选择马克思主义是完全正确的，中国共产党把马克思主义写在自己的旗帜上是完全正确的。"[①] 然而，马克思主义的选择并不是一帆风顺的。近代以来，中国人民在

---

① 习近平. 在纪念马克思诞辰200周年大会上的讲话 [M]. 北京：人民出版社，2018：14.

挽救民族危亡、争取民族独立的过程中经历了一系列的艰辛探索，在各种惨痛教训中实现理论武器的扬弃，最终选择了马克思主义这一科学理论的指导，成立中国共产党，中国革命面貌从此焕然一新。

（一）封建主义取向的理论选择

1840年的鸦片战争之后，中国开始沦为半殖民地半封建社会，中华民族由此面临着亡国灭种的危机，而中华民族为争取民族独立、人民解放，实现国家富强、人民幸福的伟大斗争史也由此拉开了序幕。近代中国社会各个阶层开始纷纷探索救国救民的道路。究竟选择一种什么样的理论来拯救中国、发展中国？这成为摆在当时的有识之士和先进知识分子面前的一个迫切需要思考和解决的问题。在这一理论选择的过程中，开眼看世界的第一人林则徐倡导"师夷长技以制夷"、太平天国农民运动倡导以西方基督教神学为理论基础的拜上帝教教义、义和团运动提出了"扶清灭洋"的口号、洋务派倡导"中体西用"主义等，这些理论选择虽具有一定的合理性和价值性，甚至有些理论还带有鲜明的资本主义色彩（《资政新篇》），但是由于各种历史的局限性，这些理论始终没能超越封建主义的性质，没能带来革命实践的最终胜利，实践证明封建主义的理论选择最终只能归于失败。

（二）资本主义取向的理论选择

在经历了屡次革命失败后，中国先进分子转而开始投向资本主义取向的理论选择。以康有为、梁启超为代表的资产阶级维新派人士主张实行君主立宪制，效仿西方进行政治、经济、军事、社会、文教等方面的改革，即历史上著名的戊戌变法运动。这一资本主义取向的理论选择虽然是以西方资产阶级的进化论作为指导，但是却忽略了半殖民地半封建社会旧中国的封建专制统治性质，其旨在依靠清政府进行自上而下的资本主义改良道路最终归于失败。继而，以孙中山为代表的资产阶级革命派提出了以"民族、民权和民生"为核心内容的"三民主义"，与康有为等关注资产阶级上层利益不同，"三民主义"借鉴西方资产阶级的"天赋人权"思想，更趋向代表民族资产阶级中下层的利益。在孙中山的领导下，以"三民主义"为指导进行了中国历史上一次比较完全意义上的资产阶级民主革命，但由于资产阶级的软弱性和妥协性，并没能提出彻底的反帝反封建的革命纲领，使辛亥革命最终难逃失败的厄运。实践证明，资本主义取向的理论选择在中国也是行不通的。

（三）社会主义取向的理论选择

1919年爆发的五四运动促进了新思潮的兴起和马克思主义的传播。一时间各种思潮涌入中国，如无政府主义、实用主义、改良主义、空想社会主义、民主社会主义等，马克思主义作为诸多社会思潮之一，并不是自然而然地选择的，而是中国先进分子经过实践、争论和反复比较最终得以确立的。其间幻想无政府、无剥削、无强权的工读主义曾吸引了当时的一部分爱国青年，但是在亲身实践"工读互助团"后，很快因为各种现实的矛盾问题而纷纷解散，实践让很多人认识到无政府主义等思潮不可能从根本上实现社会的变革、发展和进步。俄国十月革命的成功实践让先进分子看到了马克思主义所具有的强大真理力量。其间通过三次大的争论（胡适与李大钊的"问题与主义之争"，陈独秀与张东荪、梁启超关于社会主义的争论，马克思主义同无政府主义的争论），又进一步扩大了马克思主义的影响，使很多党的早期活动者从无政府主义者转变为马克思主义的信仰者。即使是党的创立者之一毛泽东在面对当时出现的种种社会思潮时，也进行了无数次的艰难选择，在对各种主义和学说进行学习、比较和反复鉴别中，最终选择了马克思主义。"中国人找到了马克思列宁主义这个放之四海而皆准的普遍真理，中国的面目就起了变化了。"[1]在马克思主义的指导下，陈独秀、李大钊等组织成立了无产阶级的革命政党——中国共产党，中国革命面貌从此焕然一新。

二、树立理论自信建立新中国

中国先进知识分子在救亡图存、争取民族独立和解放中历经坎坷，最终选择了马克思主义理论，成立了中国共产党。在中国共产党的领导下，又进一步树立起对马克思主义的理论自信，指导中国革命实践，推翻了三座大山，建立起新中国。在这一革命过程中充分彰显了马克思主义的理论自信。

---

[1]　毛泽东.毛泽东选集：第4卷［M］.北京：人民出版社，1991：1470.

（一）在深入学习马克思列宁主义中树立本源性自信

对一种理论的自信，首先来源于理论本身的科学性和真理性。中国共产党选择了马克思主义，并不是天然地就树立起理论自信，而是在系统学习马克思主义，深刻了解马克思主义自身的科学性和真理性的基础上树立起本源性自信。学习马克思主义理论始终是共产党人的必修课。以毛泽东为代表的党的第一代领导集体带领中国人民经过艰苦卓绝的革命斗争，以马克思主义理论为指导，成功取得了新民主主义革命的胜利。在这一过程中，毛泽东一贯注重学习马克思主义理论，强调理论学习的重要性。在中国革命的关键时刻，毛泽东发表了《改造我们的学习》，此后在全党开展了反对主观主义、反对宗派主义和反对党八股的整风运动，号召全党进行马克思主义理论学习，强调学习理论"以研究思想方法为主"，这是用好马克思主义这本"真经"的关键。从理论源头的科学性和真理性当中树立起马克思主义理论的本源性自信。

（二）在马克思主义与中国实际相结合中树立本土性自信

"理论一经掌握群众，也会变成物质力量。"[①] 马克思主义是舶来品，"淮南为橘，淮北为枳"。马克思主义理论要变为强大的物质力量，需要中国共产党这个先锋队将其与中国实际相结合。但是，这个结合的过程，并非一帆风顺，而是充满了艰辛曲折，马克思主义中国化理论成果的形成、发展和成熟，彰显着中国共产党理论自信的光芒，深刻地蕴含在中国共产党树立理论自信的过程中。在半殖民地半封建的社会条件下，中国共产党领导反帝反封建的革命实践，面对着错综复杂的国情"样本"，历经了两次胜利、两次失败，在与形形色色的教条主义做斗争的过程中，形成了反对教条主义的理论自觉与自信，不断地将马克思主义的基本原理和方法运用到中国革命的实践中。以1935年遵义会议的召开为转折和标志，中国共产党摆脱了共产国际的错误指导和党内教条主义的桎梏，第一次独立自主地运用马克思列宁主义基本原理解决问题，确立了实事求是的思想路线，挽救了党、挽救了红军、挽救了革命，中国共产党理论自信之自觉，也由此在全党全军树立起来。通过28年的

[①] 中共中央马克思恩格斯列宁斯大林著作编译局.马克思恩格斯选集：第1卷［M］.北京：人民出版社，2012：9.

新民主主义革命，中国共产党以高度的理论自觉和理论自信，实现了马克思主义中国化，创立了新民主主义革命理论，实现了国家独立和民族解放。

（三）在理论指导中国革命实践中树立实践性自信

理论的魅力不仅仅在于理论自身，更在理论之外，那就是理论指导实践的价值所在。中国共产党在领导中国人民进行革命的成功实践中，不断印证了马克思主义理论的科学性和真理性，更坚定地树立起对马克思主义理论的实践性自信。纵观近代以来中国先进分子在探索救国救民的革命道路中，有农民阶级发起的太平天国农民运动，有资产阶级改良派发起的戊戌变法维新运动，有资产阶级革命派发起的辛亥革命等，但无一例外，最后都以失败而告终。俄国十月革命的成功，给我们送来了马克思主义。但中国国情与俄国国情有很大的不同，这也促使中国共产党人自觉地将马克思主义与中国革命实践相结合，冲破了列宁"城市中心论"的理论束缚，创造性地开辟了"农村包围城市，武装夺取政权"的革命道路，赢得了革命的成功。革命实践的成功印证了马克思主义理论的实践意义和指导价值，使中国共产党人树立起对马克思主义的实践性自信。

三、坚定理论自信建设新中国

中国共产党人树立对马克思主义的理论自信，完成了新民主主义革命，建立了新中国。从此，中国共产党从革命战争政治生态中的革命党，变为中华人民共和国的执政党，变为领导人民开展社会主义建设的建设党。在这一过程中，中国共产党带领人民大众投身建设实践，从容应对重重风险、考验和挑战，彻底改变了中国一穷二白的社会面貌，在带领人民走向富裕中进一步坚定了理论自信。

（一）在探索社会主义革命和建设中坚定理论自信

在1949年的西柏坡会议上，毛泽东告诫全党，"夺取全国胜利，这只是万里长征走完了第一步"①，要去"进京赶考"，今后的路更长更艰苦。他告诫全

---

① 毛泽东.毛泽东选集：第4卷［M］.北京：人民出版社，1991：1438.

党不要盲目自大自满，要有"本领恐慌"的危机意识，强化问题导向，加强理论学习，深入思考社会主义革命和建设的新问题。在社会主义革命和建设的进程中，面对西方社会主义国家的包围封锁，以毛泽东为代表的中国共产党人，积极探索"走自己的路"，始终坚持独立自主、自力更生，摆脱了"苏联模式"的束缚。毛泽东指出，"过去我们就是鉴于他们的经验教训，少走了一些弯路，现在当然更要引以为戒"①，强调要将马克思主义同中国具体实际相结合。顺利完成了对农业、手工业和资本主义工商业的社会主义改造，实现了工业化，使得"一五计划"顺利实施，初步建立起比较完备的工业体系。在对社会主义建设探索过程中虽也经历了很多挫折，特别是受到"十年文革"的严重影响，但是其初步建立起的工业体系为后来中国经济建设发展奠定了初步的基础。也是在探索社会主义建设过程中，中国共产党人更加认识到，必须将马克思主义与中国实际相结合，用中国化的马克思主义指导中国建设才能最终取得成功，从而更加坚定了马克思主义的理论自信。

（二）在实行改革开放中坚定理论自信

党的十一届三中全会作出了改革开放的伟大决定，改革开放在给中国人民生活带来巨大变化的同时，也在思想领域里带来了巨大的冲击。特区的建立、市场经济的运行、外来资本的注入，在社会上引起了一场"姓社还是姓资"的大讨论，有人担心"特区是在引进资本主义"，甚至有的人认为"特区除了那面五星红旗的颜色没有变之外，其他的都变了"，加之东欧剧变的影响，马克思主义的指导地位受到了严重冲击。面对这一系列的疑问和担忧，邓小平发表了著名的"南方谈话"，他指出："我们搞改革开放，把工作重心放在经济建设上，没有丢马克思，没有丢列宁，也没有丢毛泽东。老祖宗不能丢啊。"②他明确表态，"不要惊慌失措，不要认为马克思主义就消失了、没用了、失败了。哪有这回事"③。这在一定程度上平息了对"特区"的争论，也向全世界宣示了我们坚定不移推进改革开放的信心和决心。由此可见，建国

① 中共中央研究室.毛泽东文集：第7卷［M］.北京：人民出版社，1999：23.
② 邓小平.邓小平文选：第3卷［M］.北京：人民出版社，1993：369.
③ 邓小平.邓小平文选：第3卷［M］.北京：人民出版社，1993：383.

后我们恢复国民经济靠的是马克思主义，改革开放后发展社会主义市场经济，我们同样也是靠马克思主义。中国共产党在坚定改革开放的伟大决策中进一步坚定了理论自信。

（三）在伟大成就中巩固理论自信

1978年实行改革开放以来，在以邓小平、江泽民、胡锦涛为代表的三代领导集体带领下，中国的改革开放取得了一系列的历史成就。中国改革开放实现了从封闭半封闭到全方位开放的伟大历史转折，经济、产业结构迅速升级优化，基础产业发展迅猛，基础设施建设成效显著，人口素质得到全面提高，就业人员成倍增加，城市经济社会建设发展成绩显著，人民生活得到了明显的改善，历史性地解决了绝对贫困问题，全面建成了小康社会。这一系列的成就都是坚定地以马克思主义为指导而取得的。中国改革开放的伟大成就是中国共产党人坚定理论自信而使然，同时改革开放的伟大成就也更加巩固了党的理论自信。"马克思主义的基本原理任何时候都要坚持，否则我们的事业就会因为没有正确的理论基础和思想灵魂而迷失方向，就会归于失败。"[①]

四、增强理论自信迈向现代化强国

理论自信是一个动态过程。党的十八大以来，面对国际政治经济秩序和国际格局的深刻调整，面对一些西方国家在唱衰中国、抹黑中国、污名化中国过程中宣称的"历史终结论""中国崩溃论"等论调，以习近平同志为核心的党中央明确提出，"坚持不忘初心、继续前进，就要坚持中国特色社会主义道路自信、理论自信、制度自信、文化自信，坚持党的基本路线不动摇，不断把中国特色社会主义伟大事业推向前进"[②]。

（一）在理论认同中增强中国特色社会主义的理论自信

理论认同是思想统一的前提，只有在对理论的认知、认可并充分认同的基础上，才能形成共同的思想动力，始终同心同德、同心同向、同心同行。

---

① 江泽民.江泽民文选：第3卷［M］.北京：人民出版社，2006：282.

② 中共中央党史和文献研究院.十八大以来重要文献选编：下［M］.北京：中央文献出版社，2018：348.

十八大以来，党中央高度重视理论指导作用，深入阐释中国特色社会主义理论的科学性，展现中国特色社会主义理论的现实解释力，增强人民群众对中国特色社会主义的理论认同。他提出的"人民对美好生活的向往就是我们的奋斗目标""尊重人民主体地位""党的一切工作必须以最广大人民根本利益为最高标准""促进社会公平正义"等执政理念，始终贯穿"以人民为中心"的发展理念，通过现实的理论解释力来彰显中国特色社会主义理论是为人民的理论、为人民的思想，从而凝聚起全国各族人民的力量，巩固共同的思想基础，投身到中华民族伟大复兴的奋斗事业当中。

（二）在舆论引导中增强中国特色社会主义的理论自信

随着互联网时代的到来，特别是新兴媒体的出现，网络空间成为各种思想的聚集地和发散地。习近平指出，"网络空间天朗气清、生态良好，符合人民利益"[①]。净化网络空间，加强网络舆论引导成为十八大以来中国共产党进行舆论引导，凝聚共识的一个重要方向。习近平强调，"网络安全和信息化对一个国家很多领域都是牵一发而动全身的，要认清我们面临的形势和任务，……，因势而谋，应势而动，顺势而为"[②]，要推动媒体融合发展，形成网上网下同心圆；要统筹处理好传统媒体与新兴媒体、中央媒体和地方媒体、主流媒体和商业平台等的关系，加强新兴媒体监管；要牢牢掌握舆论场的主动权和主导权；主流媒体要守土有责，更要守土尽责；等等。通过舆论引导和宣传来深刻阐释中国取得历史成就背后的强大优势，展现中国道路、理论、制度和文化的先进性和科学性，通过舆论宣传来阐释马克思主义为什么行，中国特色社会主义为什么好，中国共产党为什么能，以此引导广大党员干部、群众自觉坚定"四个自信"，用中国理论解读中国实践，从而凝聚强大的精神力量，巩固中国特色社会主义的共同思想基础。

---

① 习近平.习近平谈治国理政：第2卷［M］.北京：外文出版社，2017：336.
② 习近平.习近平谈治国理政：第1卷［M］.北京：外文出版社，2018：197.

（三）在新时代的伟大实践中增强中国特色社会主义的理论自信

社会主义的成功实践印证了中国特色社会主义理论的科学性和真理性，彰显了中国特色社会主义理论的巨大魅力。我们用几十年的时间就走完了发达国家几百年才走过的发展历程，实现了经济总量跃居世界第二位；我们创造了实现经济快速增长和社会长期稳定的两大奇迹；我们实现了从古代"四大发明"到"新四大发明"的飞跃，彰显了中国的科技实力；我们实现了快速发展和大规模减贫的同步，开创了中国特色的减贫道路，成为世界上减贫人口最多的国家，创造了世界减贫史上的中国奇迹……中国所有这些实践成就，对社会问题的破解，都是在形成共识的广大人民群众集体奋斗中取得的。中国特色社会主义实践的不断成功，不仅在一定程度上扭转了冷战后世界社会主义万马齐喑的巨变，而且也在一定程度上扭转了社会主义同资本主义竞争的被动局面，使广大干部群众更深刻地认识到党的路线方针政策的正确，认识到党的创新理论的指导意义和实践价值，更加坚定改革开放和现代化建设的光明前景，形成各民族团结统一的思想基础，坚定了走中国特色社会主义道路的决心和信心，也更加坚定我们建成社会主义现代化强国的决心和信心。

总之，"当今世界正经历百年未有之大变局，我国正处于实现中华民族伟大复兴关键时期"①，在国际局势瞬息万变的世情中，已有百年历史的中国共产党始终保持着"敌军围困万千重，我自岿然不动"的理论自信，自觉担当起时代重任，应对重重的困难和挑战，努力在危机中育新机，在变局中开新局，以理想信念坚定、理论不断创新、理论自信不断增强的执政党姿态，带领着广大人民在中国特色社会主义理论的指导下奋勇前进，大有作为！

第二节　中国共产党理论自信的主要成效

理论的成功与否要靠实践来检验，同样理论自信的程度如何也要在实践中探寻。十八大以来，中国共产党高举中国特色社会主义大旗，在实践中推动理论创新，形成了新理论和新思维，在开展中国特色社会主义的新实践中，

---

① 本书编写组.中国共产党第十九届中央委员会第四次全体会议文件汇编［M］.北京：人民出版社，2019：21.

主流意识形态更加壮大、全党全社会思想上的团结统一更加巩固、国家文化软实力和中华文化影响力不断得到提升，中国共产党增强理论自信取得了显著成效。

一、主流意识形态更加壮大

意识形态是一个政党的信仰和主张的集中体现。中国共产党增强理论自信的一个重要表现形式就是不断加强党的意识形态建设。一定程度上，可以说意识形态自信是中国共产党的理论自信的客观反映。党的十八大以来，面对意识形态领域的各种斗争，中国共产党始终将意识形态工作放在"生命线"的重要地位，把中国的改革开放和意识形态建设同步推进、同步发展，使中国共产党的主流意识形态更加壮大，突出表现在以下四个方面。

（一）意识形态工作领导权、管理权和话语权不断增强

习近平总书记多次强调，要坚持党管宣传，党管意识形态，坚持正确政治方向，"必须把意识形态工作的领导权、管理权、话语权牢牢掌握在手中，任何时候都不能旁落，否则就要犯无可挽回的历史性错误"①。党的十八大以来，意识形态建设情况呈现出良好的发展态势，在各级党委（党组）、党员干部中实现了从意识形态观念淡薄到积极主动作为、从视而不见到主动研判、从麻木不仁到时时警惕、从不敢斗争到勇于亮剑的积极转变。意识形态领域的纷争不断减少，党在意识形态领域的主动权、主导权逐渐增加；舆论场中，诋毁、谩骂、非理性的表达不断减少，理性、平和、建设性的话语逐渐增加；思想价值领域冲突不断减少，核心价值观的影响力逐渐增加，党在意识形态工作的领导权、管理权和话语权不断增强。

（二）意识形态工作队伍建设不断提升、阵地不断扩大

队伍建设是意识形态工作的核心内容之一，而党员干部的意识形态能力建设又是意识形态工作队伍建设的重中之重。"斗争精神、斗争本领不是与生

---

① 中共中央文献研究室.习近平关于全面深化改革论述摘编［M］.北京：中央文献出版社，2014：86.

俱来的"①，因而要增强斗争精神，提高斗争本领。十八大以来，党中央坚持党管干部原则，组织党员干部进行理论学习，不断加强党员干部意识形态能力建设，改变了部分党员干部理想信念缺失、意识形态理论缺乏、是非不清的现象，提升了党员干部的思想辨别力、共识凝聚力、理论创新力和话语支配力。同时，坚持立破并举，不断增强阵地意识，积极拓展意识形态工作阵地，守住红色地带，勇斗黑色地带，转化灰色地带，并注重发挥网络舆论阵地、高校意识形态阵地、科学理论阵地的作用，使主流意识形态不断扩大。

（三）意识形态工作体制机制不断健全

十八大以来，围绕意识形态体制机制的完善，党中央出台了一系列的法规、文件来健全工作机制、完善考核机制、加强责任追究机制，如围绕网络意识形态工作出台了《中华人民共和国网络安全法》《互联网新闻信息服务许可管理实施细则》《中华人民共和国境外非政府组织境内活动管理法》《互联网新闻信息服务管理规定》等，围绕党委（党组）的意识形态工作出台了《党委（党组）意识形态工作责任制实施办法》，同时还将意识形态工作纳入巡视工作当中，通过政治巡视来督促意识形态责任制的落实，加强对意识形态工作的监管，通过党内法规建设推动建立意识形态工作的长效机制。

（四）意识形态话语转换的理论不断创新

随着世界多极化、经济全球化的发展，不仅要求各国在经济发展、对外交流等方面要顺应世界发展大势，与国际舞台接轨，同时也在意识形态的话语转换上提出了更高的要求，坚守一成不变的社会主义已然不能满足现实的需求，而必须加强话语转换的理论创新。而就话语创新而言，改革开放以来，理论的不断创新（邓小平理论、"三个代表"重要思想、科学发展观等）无疑是与世界展开对话、实现话语创新的成功典范，而习近平新时代中国特色社会主义思想更成为当下意识形态话语转化的最新理论创新成果，其中提出的"构建新型国际关系""人类命运共同体思想""人民主体论"等，以马克思主

---

① 本书编写组.《新时代爱国主义教育实施纲要》学习读本［M］.北京：人民出版社，2020：107.

义的世界观、历史观和价值观与世界交相融合，既尊重历史又面对现实，既有鲜明的价值取向又突出国家整体利益，既有立场原则又求真务实，实现了新时代意识形态话语重组的理论创新。

二、全党全社会思想上的团结统一更加巩固

古语言，"得民心者得天下"。一个政党、一个国家、一个民族要生存和发展，必须有共同的思想基础作支撑。正可谓，党要有"共同语言"，社会主义要有"统一意志"。民心是最大的政治，统一思想、凝心聚力是中国共产党长期执政的思想政治基础。新时代，面对复杂的国内外形势，思想文化领域的激荡以及价值观的多元多样，中国共产党始终与时俱进，不断以中国特色社会主义为引领，巩固全党全国各族人民的共同思想基础，自觉增强中国共产党的理论自觉与自信。

只有理论上的坚定，才能使思想上更加统一，行动上更加一致。中国共产党自觉增强理论自信的一系列实践，使全党全社会思想上的团结统一更加巩固，更加自觉地投入社会主义现代化建设的实践当中，这突出表现在，全党全社会对错误社会思潮的回应更加自主自觉、社会主义核心价值观念更加入脑入心入行、对共产主义远大理想和中国特色社会主义的共同理想更加坚定、爱国统一战线更加巩固和发展等方面。

（一）对错误社会思潮的回应更加自主自觉

错误社会思潮的误导和侵蚀是分化和瓦解民众的思想利器，一直以来，党的思想信仰、理论自觉和理论自信都饱受"新自由主义、历史虚无主义、'普世价值'、宪政民主、民粹主义"等各种错误社会思潮的困扰和侵袭。新时代，中国共产党面对各种西方错误思潮的侵袭，能够主动亮剑、自觉抵制，在全党全社会形成了自觉抵制错误思潮的良好氛围。在中央到地方的各级领导干部当中，大部分党员干部都能身先士卒、率先垂范，自觉增强政治敏锐性和政治鉴别力，更加主动地带头批判和自觉抵制各种错误观念，坚决不做"两面人"，在大是大非面前始终保持头脑清醒，以习近平新时代中国特色社会主义思想来武装头脑。在教育领域，以习近平主持召开的全国思想政治理

论课教师座谈会为契机，全国各地高校及中小学校全面发挥思想政治理论课立德树人功能，引导学生树立正确的世界观、人生观和价值观，使学生普遍增强了对各种错误社会思潮的辨别力、判断力和抵制力。此外，随着中国特色社会主义的成功实践，为社会各个阶层、群体带来了切实看得见的物质利益的同时，也更增强了他们对中国特色社会主义的认同、认可，更加坚定信心，使他们在面对西化、分化的情况下，更敢于主动应对、自觉抵制和坚决批判。

（二）社会主义核心价值观念更加入脑入心入行

价值观是一个国家的灵魂，价值观培育的效果如何直接体现出一个党、一个国家、一个民族的强大思想共识和精神凝聚力。新时代以来，社会主义核心价值观日渐成为全党全社会的自觉践行，使全社会思想上团结一致，行动上自觉担当。党员干部、公众人物、先进典型等"关键少数"群体，能更自觉发挥先进示范引领作用，自觉践行社会主义核心价值观，引导群众树立看齐意识。实现了社会主义核心价值观的践行从"关键少数"领域扩展到"绝大多数"领域，从"他律"到"自律"、从"被动学习"到"主动引领"、从"理论阐释"到"行动自觉"的转变，社会主义核心价值观越来越成为全社会的情感认同和行为习惯。

（三）对共产主义远大理想和中国特色社会主义的共同理想更加坚定

旗帜引领方向，方向决定道路。全社会思想共识的达成有赖于旗帜的引领。新时代，中国共产党不断加强理论学习，深刻阐释中国特色社会主义的强大理论优势、制度优势、道路优势和文化优势，增强理论宣传力、说服力和引导力，使中国特色社会主义越来越被广大人民群众所理解、认同和信服。事实胜于雄辩。中国共产党以改革开放的成功实践向广大人民群众展示了一份无言的说明书。新时代各项事业取得的伟大成就向广大人民群众提交了一份最好的答卷。"小康不小康，关键看老乡"的为民情怀更是彰显了中国特色社会主义的"特色"所在。在理想与现实的交相呼应中，广大人民群众更加坚定了中国特色社会主义理想，增强了实现共产主义的必胜信念。

（四）爱国统一战线更加巩固和发展

统一战线是党的各项事业取得胜利的法宝，也是全党全社会在思想上团结一致的集中体现。习近平总书记指出，"我们伟大的精神是各民族共同培育的"[①]。加强民族团结，实现各民族共同繁荣发展，凝聚广泛社会共识，扩大爱国统一战线，这是实现中华民族复兴的坚强伟力。党的十八大以来，民族地区脱贫工作成效显著。截至2019年9月，民族地区累计减贫2500多万人，贫困发生率从21%下降到4%。少数民族、民族地区、民族关系的面貌都发生了巨大的变化；各民主党派、无党派人士、全国工商联积极投身改革实践，为国家建设发展积极献言献策，开展民主监督，广泛凝聚共识；人民政协发挥积极作用，搭建沟通桥梁，促进政党、民族、宗教等关系的和谐，调动一切积极因素，凝聚起最广泛的社会力量，使新时代爱国统一战线更加团结和巩固。

三、国家文化软实力和中华文化影响力大幅提升

文化自信是一个国家、一个民族更深沉、更持久的力量，文化自信是基础，它为中国共产党的理论自信提供了精神滋养和文化支撑，而反过来，中国共产党理论自信的不断增强也客观上推动了文化的自觉自信，使文化软实力、中华文化影响力都大幅提升。这突出表现在，国际文化中西强我弱的态势逐渐改变、中华文化的国际传播能力不断提升、文化贸易的国际竞争力越来越强、社会主义核心价值观的国际认同度越来越高、哲学社会科学建设不断加强。

（一）国际文化中西强我弱的态势逐渐改变

一直以来，西方国家在文化软实力和文化影响力上都占据着不可撼动的优势，如美国一些西方发达国家凭借其经济、军事、科技实力的强大，推行文化霸权主义，加紧对发展中国家特别是中国进行文化输出，实行文化渗透，国际文化领域一直处于"西强我弱"的格局。但是，近年来，随着中国经济的发展壮大，科技实力的增强以及在军事、国防等方面的不断发展，也开始

---

① 习近平 . 在全国民族团结进步表彰大会上的讲话［M］.北京：人民出版社，2019：6.

愈加重视国家文化软实力的建设和发展，特别是党的十八大以来，随着"五位一体"总布局及"四个全面"战略布局的展开与推进，文化领域的建设和发展也在不断推进，国家通过智库建设、完善公共文化服务体系建设等，推动文化事业不断开创新的局面，同时也积极探索各种途径、方式向外界传播中国声音、讲述中国故事，如举办亚洲文明对话会、中法文化年、中俄文化年、世界园艺博览会、"一带一路"国际合作高峰论坛等，每一场盛会都是中国一张闪亮的文化名片，全方位向世界宣传中国文化、展示中国形象。特别值得一提的是，目前孔子学院已经遍布全球各地，中国文化走出去的趋势越来越让世界感悟到了中国文化和中国智慧的魅力，逐渐地改变了西方文化的绝对强势地位，中华文化的国际影响力不断扩大。

（二）中华文化的国际传播能力不断提升

文化的影响力不仅来自文化本身的内在魅力，更来自文化之外的强大传播能力。这种传播力来自中国共产党内在的理论自信和文化自信。新时代中国共产党要不断更新文化传播理念，提升中华文化的国际传播能力。从"敏于行而讷于言"的传统思想转向了"积极传播主动作为"的现代化传播理念，形成了从上到下、从内到外的全方位、立体化对外传播新格局；要不断创新传播方式，从传统媒体传播领域向互联网新媒体传播领域迈进，以互联网为载体，通过网络微视频、微理论、微宣讲等新载体，创新开拓了多种多样的互联网传播方式；不断加大文化传播投入，从日益增强的对外投资能力、硬件设施更新能力中拓展文化企业投资，不断壮大文化产业，积极推动中央媒体走出去，打造文化传播的国际平台，为推动国际传播能力提供坚强的物质保障。

（三）文化贸易的国际竞争力越来越强

近年来，中国文化产品的出口呈现出高速增长的态势，中国文化贸易在国际上的竞争力逐渐增强。就电影产业来看，仅2019年中国的电影票房就已让世界瞩目。据"新加坡《联合早报》报道，《叶问4》夺得2019年新加坡'十大亚洲票房'冠军。《哪吒之魔童降世》作为2019年中国票房冠军，也进入榜单，票房超过85万新元。《中国机长》同样表现不俗，票房超过83万新元。中国电影让新加坡片商感到越来越有信心"①。更有外媒评价，国产电影《哪吒之魔童降世》在北美、澳大利亚等地上映，正"逐渐打破欧美、日本对动画电影的垄断"②。除此之外，中国特色的网络文学、图书、影视剧也都纷纷走出国门，在泰国、德国、加拿大等许多国家还专门设置了中国主题的书架，以满足读者的需求。"商务部2017年数据显示，文化产业的进出口额大幅增长，文化产业发展迅速，文化贸易的竞争力不断增强。"③

（四）核心价值观国际认同度越来越高

核心价值观不仅是一个国家凝心聚力、增强国家认同的精神动力，同时也是对外交往、展现国家形象的思想准则。核心价值观的国际认同度已经成为国家文化软实力提升的重要体现。近年来，随着中国对外交往的扩大，对核心价值观的对外宣传阐释也在不断加大，各种宣传社会主义核心价值观的书籍被翻译成多种文字出版，特别是《习近平谈治国理政》《摆脱贫困》《习近平讲故事》《习近平用典》等图书被翻译成多种版本发布，受到国际社会的关注，持续热销海内外。2019年《之江新语》的德文版、英文版也在德国法兰克福国际书展上举行了首发仪式，受到广泛关注。通过多种途径和方式向全世界展示中国的价值主张和发展理念，展现社会主义核心价值观的崇高追求以及中国共产党的自信坚定，在世界范围内赢得广泛认同和道义力量。

四、为解决全球问题提供了中国智慧和中国方案

中国共产党是无产阶级政党，它不仅肩负着为人民谋幸福、为民族谋复兴的历史重任，同时也肩负着为人类进步事业而奋斗的使命。正如习近平总书记所说，"中国共产党是世界上最大的政党，大就要有大的样子"④，这里的

---

① 史竞男，王子铭，高蕾.礼赞新中国 奏响最强音：2019年宣传思想工作综述［N］.光明日报，2020–01–04（1）.

② 史竞男，王子铭，高蕾.礼赞新中国 奏响最强音：2019年宣传思想工作综述［N］.光明日报，2020–01–04（1）.

③ 李小牧，李嘉珊.中国国际文化贸易发展报告：2018［M］.北京：社会科学文献出版社，2018：21.

④ 习近平.习近平谈治国理政：第3卷［M］.北京：外文出版社，2020：436.

"大"不仅仅是指中国共产党的人数最多，更是指中国共产党所承担的责任、它所占有的格局，包括它的视野，都应该更广阔、更高远。中国共产党是这样说的，也是这样做的，面对"世界怎么了，我们怎么办"的世界之问、时代之问，中国共产党给出了中国答案，为解决全球问题提供了中国智慧和中国方案，彰显出中国的大国责任和大国担当，也彰显出中国共产党的理论自信。

（一）为发展中国家的发展提供了可资借鉴的成功经验

改革开放40多年，中国积累了现代化建设的成功经验，探索出了一条不同于西方国家的、适合中国国情的现代化道路。这条道路既不照搬西方，也不迷信教条，而是在结合中国国情和发展实际的基础上建立的、符合自身发展、适应自身体制机制运行的、具有中国特色的社会主义道路。我们坚持独立自主的原则，不照搬照抄，也不搞"自由放任"，在政府宏观调控的基础上，正确处理了改革、发展和稳定的关系，避免了落入"中等收入陷阱"，统筹兼顾各方利益，用好政府和市场两只手，积极参与国际合作和全球化，在对外开放中实现自身的独立发展。这些成功经验为发展中国家提供了不同于西方国家实行的殖民主义的发展方式，也不同于传统的苏联社会主义的发展模式，而是既不封闭僵化，也不改旗易帜的中国特色的社会主义发展模式，为渴望实现发展的广大发展中国家提供了一种全新的选择。

（二）为解决全球性问题提供了中国方案

二战后，和平与发展成为时代主题，但这并不意味着世界的发展不存在任何问题。世界经济增长乏力、全球贫富差距扩大、财富分配不均、局部冲突此起彼伏，霸权主义的干扰、强权政治的盛行，新保护主义、新干涉主义的抬头，网络安全、疾病的蔓延、气候变暖等，各种全球性的问题迫切需要应对和解决，世界各国人民急切呼吁维护全球秩序、进行全球治理。中国作为一个负责任的大国，在解决全球性问题中积极贡献中国方案，提出了"一带一路"倡议，积极践行人类命运共同体理念，构建新型国际关系，赢得了世界各国的认可和赞扬，彰显出中国在推动全球治理体系现代化和全球化发展方面的大国责任和大国担当。

（三）为化解世界矛盾提供了全新的思维方式

与西方国家所秉持的你输我赢、零和博弈的强势文化不同，中国传统文化当中的"和"文化所倡导的是"和而不同""和合共生"，具有很强的包容性。中国共产党正是秉承了中华优秀传统文化当中的"和"文化的精髓，提出以对话取代对抗，以结伴取代结盟，通过平等、协商的方式来化解世界难题，反对霸权主义、强权政治，倡导合作共赢、合作双赢甚至是合作多赢。以文明交流互鉴来化解文明冲突、文明隔阂，反对西方文化优越论和文明优越论。在与各国的交流合作中展现出中国的大国外交风范，推动世界向着开放、包容、平衡、平等和互利共赢的方向发展，展现出新型大国在解决世界问题和矛盾中的主动应对和积极作为，同时也为世界各国应对全球问题提供了一种全新的思维方式和应对思路。

第三节　中国共产党理论自信的基本经验

马克思认为，理论实现程度，取决于理论满足需要的程度，中国共产党正是深刻认识到理论对于党执政、建设的重要作用，从建党以来就不断加强理论建设，进行理论创新，不断增强理论自信，积累了宝贵的经验。概括说来，这些经验主要有以下几方面：始终坚持马克思主义的指导地位，始终把握社会主义的发展方向，始终植根于社会主义建设的伟大实践，始终紧跟时代不断进行理论创新。

一、始终坚持马克思主义的指导地位

马克思指出，"理论一经掌握群众，也会变成物质力量"①。正是由于深刻认识到理论的力量，中国共产党始终坚持马克思主义指导，注重发挥理论的价值和作用，这成为中国共产党治国理政的突出特点和重要法宝，也是党自

---

① 中共中央马克思恩格斯列宁斯大林著作编译局.马克思恩格斯文集：第1卷［M］.北京：人民出版社，2009：11.

觉增强理论自信的根本所在。

毛泽东指出："领导我们事业的核心力量是中国共产党，指导我们思想的理论基础是马克思列宁主义。"①深刻阐明了马克思主义在国家各项事业中的指导地位。而1978年以来的改革开放在给中国带来发展机遇的同时，也使中国面临着思想领域的一次大挑战，马克思主义的指导地位由此受到严重冲击。面对特区争论、姓资姓社等问题，邓小平发表了著名的"南方谈话"，指出："我们搞改革开放……没有丢马克思，没有丢列宁，也没有丢毛泽东。老祖宗不能丢啊！"②这在一定程度上平息了对"特区"的争论，也向全世界宣示了我们坚定不移推进改革开放的信心和决心。

20世纪90年代，伴随着苏联解体、东欧剧变，国内也出现了一股资产阶级自由化的浪潮。江泽民指出："马克思主义的基本原理任何时候都要坚持，否则我们的事业……就会归于失败。"③进入新世纪新阶段，胡锦涛继续秉承前几代领导人的执政理念，强调指出："马克思主义是我们立党立国的指导思想。坚持和巩固马克思主义指导地位，是党和人民团结一致、始终沿着正确方向前进的根本思想保证。"④无论何时，都不能丢掉这一强大思想武器。

前事不忘后事之师。进入新时代，面对一系列新情况、新问题，以习近平同志为核心的党中央更是一如既往强调理论的指导作用，始终坚持马克思主义在意识形态领域的指导地位。他指出："马克思主义始终是我们党和国家的指导思想，是我们认识世界、把握规律、追求真理、改造世界的强大思想武器。"⑤博大精深的马克思主义不仅深刻地改变了世界，而且也深刻地改变了中国。它已经和中国、和中华民族、和中国人民的命运紧紧联系在一起，已经成为指导中国特色社会主义事业奋勇前进的理论源泉和不竭动力！因此，始终坚持以马克思主义为指导，是我们党自觉增强理论自信的一条重要经验。

① 中共中央文献研究室.毛泽东文集：第6卷［M］.北京：人民出版社，1999：350.
② 邓小平.邓小平文选：第3卷［M］.北京：人民出版社，1993：369.
③ 江泽民.江泽民文选：第3卷［M］.北京：人民出版社，2006：282.
④ 胡锦涛.胡锦涛文选：第3卷［M］.北京：人民出版社，2016：157.
⑤ 习近平.在纪念马克思诞辰200周年大会上的讲话［M］.北京：人民出版社，2018：15.

二、始终把握社会主义的发展方向

旗帜决定道路，道路决定命运。理论自信增强的动力既在理论本身，又在理论之外。中国共产党百年来的历史经验已经充分证明，社会主义道路是引领中国前进发展的唯一正确的道路。这条道路自中国共产党成立以来，就已经把它确定为自己的奋斗目标和发展方向，并自始至终都坚定不移地沿着这条道路不断前进。

早在新民主主义革命时期，对于"中国向何处去"的问题，毛泽东就曾写下鸿篇巨制《新民主主义论》，给正处于迷茫的中国人民指明了中国革命前进的方向——社会主义，和终极前途目标——共产主义。在党的七届二中全会上，毛泽东已经十分明确了实现社会主义这个大目标，他提出："在革命胜利以后，迅速地恢复和发展生产，对付国外的帝国主义，使中国稳步地由农业国转变为工业国，把中国建设成一个伟大的社会主义国家。"[①]

新中国成立后，毛泽东就把社会主义、共产主义作为新中国进行革命和建设的发展方向。他强调，"党在过渡时期的总路线和总任务，是要在十年到十五年或者更多一些时间内，基本上完成国家工业化和农业、手工业、资本主义工商业的社会主义的改造。这条总路线是照耀我们各项工作的灯塔。不要脱离这条总路线，脱离了就要发生'左'倾或右倾的错误"[②]。进入改革开放新时期，面对市场经济形势下的一系列新问题，坚持什么样的改革方向，成为摆在中国前进道路上的一个重大抉择。邓小平明确指出，要在改革中坚定社会主义方向。为此，邓小平提出了一系列著名的论断："改革是社会主义制度的自我完善。"[③]"坚持社会主义，是中国一个很重要的问题。如果十亿人的中国走资本主义道路，对世界是个灾难，是把历史拉向后退，要倒退好多年。"[④]等等，并提出坚持四项基本原则来保障改革的社会主义方向，从而独具特色地成功开创了实行改革开放的社会主义道路。

---

① 毛泽东.毛泽东选集：第4卷［M］.北京：人民出版社，1991：699.

② 中共中央文献研究室.毛泽东著作专题摘编：上［M］.北京：中央文献出版社，2003：820.

③ 邓小平.邓小平文选：第3卷［M］.北京：人民出版社，1993：142.

④ 邓小平.邓小平文选：第3卷［M］.北京：人民出版社，1993：158.

伴随着改革开放的发展，在世情、党情、国情发生深刻变化的情势下，江泽民敏锐指出，要客观认识、严格划清两种不同的改革开放观，即改革开放要坚持四项基本原则，改革开放要警惕资产阶级自由化主张，明确改革要坚持社会主义方向。进入新世纪新阶段，胡锦涛指出，只有毫不动摇地坚持党的领导，坚持社会主义道路，自觉抵制各种错误思潮的侵蚀和干扰，才能始终沿着正确方向前进，改革开放事业也才能真正实现目的与效果的高度统一。我们既不走封闭僵化的老路，也不走改旗易帜的邪路，而是要沿着被实践证明的中国特色社会主义道路不断前进。

党的十八大以来，站在新的起点上，以习近平同志为核心的党中央一以贯之坚持和发展中国特色社会主义，他多次强调，要始终保证改革开放的社会主义方向。指出，中国特色社会主义是社会主义，而不是什么别的主义，是具有中国特色的社会主义。不管如何推进改革，怎样扩大开放，坚持中国特色社会主义道路都是最根本的，只要我们坚持自力更生、独立自主，坚持走自己的路，毫不动摇地始终坚持和发展中国特色社会主义，我们就一定能够建成富强、民主、文明、和谐、美丽的社会主义现代化强国，我们就一定能够实现中华民族伟大复兴的伟大梦想。

回首中国共产党百年发展历程，在党的几代领导人的执政理念中坚持"社会主义"的发展方向，始终是一以贯之的。从一定意义上来讲，中国共产党的成功更是其坚持社会主义道路的成功。在始终坚持社会主义发展道路中，中国共产党不断印证指导思想的先进性、不断增强和坚定自信心，这成为我们党自觉增强理论自信的又一条基本经验。

三、始终根植于社会主义建设的伟大实践

理论源于实践、指导实践。任何实践都是在一定理论的指导下进行的，科学理论也只有指导实践才能变为改造客观世界的物质力量，二者是辩证统一的。

理论与实践的辩证统一，深刻体现在中国伟大的社会主义革命和建设实践当中。在新民主主义革命时期，我们把马克思主义的普遍真理同我国具体

实际相结合，创造性地走出了"农村包围城市，武装夺取政权"的革命道路，取得革命的胜利；在社会主义建设时期，我们"以苏为鉴"，结合中国实际走出了有自己特点的现代化建设道路；在改革开放的新时期，我们坚持"实践是检验真理的标准"，成功走出了中国特色社会主义的建设道路。这里不难看出，中国社会每一个发展阶段都体现着"理论"与"实践"的有机结合。"理论"与"实践"的辩证统一，既是理论解决问题的需要，也是实践发展的需要。因此，必须置身于伟大实践中去发现问题、分析问题和解决问题，才能真正彰显理论的价值和魅力所在，进而不断增强理论自信。

毛泽东曾经对主观主义学风进行过尖锐的批评，强调要投身实践，注重理论联系实际。新中国成立之后，面对新中国一穷二白、百废待兴、各种矛盾问题突出的现实国情，毛泽东积极探索社会主义建设。在著名的《论十大关系》中，毛泽东明确提出，必须根据本国情况走自己的路，这是社会主义建设的根本指导思想。在这篇文章中，毛泽东系统论述了"经济建设和国防建设的关系，重工业和轻工业、农业的关系，沿海工业和内地工业的关系"等，在社会主义事业发生历史性转变的关键节点，始终注重结合实际进行调查研究，了解新情况，发现新问题，探索新经验，以科学理论武装全党、指导实践，在如何建设社会主义、如何巩固和发展社会主义这一崭新课题上作出了初步探索。

邓小平第三次复出后，深入实际，客观分析国情，认真总结社会主义建设的经验及教训，主持召开党的十一届三中全会，作出改革开放的伟大决策，在此基础上邓小平提出了发展社会主义市场经济、实行改革开放的一系列新思想和新观点，形成了建设有中国特色社会主义的理论。深化了对社会主义本质规律的认识，初步回答了"什么是社会主义，怎样建设社会主义"这一基本理论问题。在此基础上，江泽民同志继续开拓改革开放新的实践，又更深入地回答了"什么是社会主义、怎样建设社会主义和建设一个什么样的党，怎样建设党"的重大理论和实践问题，深化了中国共产党人的理论认识。党的十六大以来，胡锦涛同志立足我国发展实际，根据国内外形势的新变化，进一步回答了"实现什么样的发展，怎样发展"的问题。十八大以来，以习近平同志为核心的党中央，审时度势，面对很多具有新的历史特点的伟大斗争，又科学回答了"新时代建设什么样的中国特色社会主义、怎样建设中国特色社会主义"的时代之问。

纵观党的几代领导集体探索和推进中国社会主义建设的伟大实践，我们不难发现，树立问题意识、坚持问题导向，始终贯穿于社会主义伟大实践的全过程，中国共产党人在不断发现问题、分析问题、回答各种时代之问中，彰显出孕育于中国特色社会主义伟大实践中的理论魅力和理论自信。

四、始终紧跟时代不断进行理论创新

如前所述，理论自信的本源性自信是理论自身的科学性、真理性和实践性，而理论的科学性、真理性和实践性又源于理论在实践中的不断验证并能随着实践的发展而不断进行理论创新。正如习近平总书记指出："我们的道路自信、理论自信、制度自信、文化自信，来源于实践、来源于人民、来源于真理。"[1] 必须"在深入把握中国特色社会主义的科学性和真理性的基础上增强自信"[2]。历史的经验已经告诉我们，正确的理论指导是我们事业少走弯路的捷径，而正确理论的形成取决于它能否始终紧跟时代步伐，不断与时俱进、开拓创新。"常学常新"是一个永恒的要求，世界在变化、社会在发展，认识世界、改造世界需要探求真理、把握规律，理论创新更要倾听时代之音，回应时代呼唤，始终将理论传承与理论创新相结合，将原理的学习与原理的运用相结合，在问题中把握社会脉搏，在解题中认识发展规律，理论创新每前进一步，理论武装就要跟进一步，理论自信也更增强一步。

新中国的缔造者毛泽东讲过："通过实践而发现真理，又通过实践而证实真理和发展真理。"[3]理论与实践的结合，正是毛泽东投身中国革命实践、进行理论创新的真实写照。新中国成立后，面临社会主义建设和发展，毛泽东进一步将马克思主义与中国具体实际相结合。毛泽东指出，我们的实践超过了

① 中共中央宣传部.习近平新时代中国特色社会主义思想学习纲要［M］.北京：学习出版社，2019：34.
② 《习近平总书记系列讲话精神学习回答》课题组.习近平总书记系列讲话精神学习读本［M］.北京：中共中央党校出版社，2013：186.
③ 毛泽东.毛泽东选集：第1卷［M］.北京：人民出版社，1991：296.

马克思。实践当中是要出道理的。强调理论必须随时代的变换、社会的发展而不断创新，才能适应时代发展的要求，成为推动社会进步的强大力量。那如何将理论与实践相结合进行理论创新呢？毛泽东将调查研究作为联系理论与实践的中间环节。毛泽东一直强调"没有调查研究就没有发言权"①，为了解决问题，就"要做系统的由历史到现状的调查研究"②。通过调查研究，了解实际情况，在实践中发现问题，在实践中学习成长，这也就是必须要把对马克思主义原理的学习同实际调查研究有机地结合在一起，在继承和发展马克思主义基础上，结合中国实际进行理论创新。正是在坚持马克思主义的指导下，正是在不断解决中国具体实际问题的探索中，毛泽东不断深化了对马克思主义的认识，在探寻社会发展规律、社会主义建设规律和共产党执政规律当中把握马克思主义的精髓，并不断地与时俱进，进行理论创新，成功实现了马克思主义中国化的历史性飞跃，创立了毛泽东思想。

党的十一届三中全会以来，几代领导人运用马克思主义的立场、观点、方法，继续坚持以马克思主义理论为指导，探索中国改革进程中的一系列新情况和新问题。邓小平指出："世界形势日新月异，特别是现代科学技术发展很快。……不以新的思想、观点去继承、发展马克思主义，不是真正的马克思主义者。"③他坚持解放思想、实事求是，在实践的基础上不断进行理论创新，深化了共产党人对社会主义的认识，创造性地提出"贫穷不是社会主义""社会主义也可以搞市场经济""改革是中国发展生产力的必由之路""科学技术是第一生产力"等重大论断，形成了党的创新理论成果——邓小平理论。党的十六大上，江泽民指出："世界在变化，我国改革开放和现代化建设在前进，人民群众的伟大实践在发展，迫切要求我们党以马克思主义的理论勇气，总结实践的新经验，借鉴当代人类文明的有益成果，在理论上不断扩展新视野，作出新概括。"④他强调，进行理论创新，需要把握好两个重要原则，一是要坚持马克思主义的基本原理，二是要解放思想、实事求是。在理

---

① 毛泽东.毛泽东选集：第4卷［M］.北京：人民出版社，1991：1127.
② 中共中央文献研究室.毛泽东文集：第8卷［M］.北京：人民出版社，1999：252.
③ 邓小平.邓小平文选：第3卷［M］.北京：人民出版社，1993：291-292.
④ 江泽民.江泽民文选：第3卷［M］.北京：人民出版社，2006：537.

论结合中国实际的基础上，创造性地提出了"三个代表"重要思想。胡锦涛在纪念党的十一届三中全会召开30周年大会上指出："要坚持解放思想、实事求是、与时俱进……深入研究和回答重大理论和现实问题，不断把党带领人民创造的成功经验上升为理论，赋予当代中国马克思主义鲜明的实践特色、民族特色、时代特色。"① 他强调，"实践发展永无止境，认识真理永无止境，理论创新永无止境"②。在科学判断时代变化发展条件的基础上，提出了科学发展观等一系列重要思想。党的十八大以来，习近平多次强调理论创新的重要性，他指出："我们党之所以能够历经考验磨难无往而不胜，关键就在于不断进行实践创新和理论创新。"③ 强调理论创新必须建立在实践的基础之上，要"坚持实践第一的观点，不断推进实践基础上的理论创新"④，习近平新时代中国特色社会主义思想正是在当代中国改革开放和社会主义现代化建设的伟大实践当中应运而生的，是根植于当代中国实践基础上的中国化的马克思主义理论。

百年来中国共产党坚持理论创新，这百年来理论创新的实践昭示我们：理论创新必须以坚持马克思主义基本原理为前提，必须以投身社会主义伟大实践为条件，必须紧跟时代发展步伐，只有这样才不会迷失方向，才能永葆马克思主义的生机和活力，不断增强中国共产党的理论自信。因此，始终紧跟时代不断进行理论创新，是我们党自觉增强理论自信的一条基本经验。

---

① 胡锦涛．在纪念党的十一届三中全会召开30周年大会上的讲话［M］．北京：人民出版社，2008：38.

② 胡锦涛．在庆祝中国共产党成立90周年大会上的讲话［M］．北京：人民出版社，2011：11.

③ 《新理念 新思想 新战略80词》编写组．新理念 新思想 新战略80词［M］．北京：人民出版社，2016：49.

④ 中共中央宣传部．习近平总书记系列重要讲话读本［M］．北京：学习出版社，2016：281.

第四章 中国共产党理论自信面临的机遇与挑战

理论自信问题是一个宏大而复杂的问题，理论自信的增强和自觉坚定涉及方方面面因素的制约和影响。古语言，"来而不可失者，时也；蹈而不可失者，机也"。当今世界正经历百年之变，国际国内大局形势复杂、变化多端，面对复杂的世情、国情和党情，中国共产党自觉增强理论自信既面临难得的发展机遇，同时也面临着前所未有的挑战。在这种情势下，中国共产党作为执政党，更要抓住机遇、迎接挑战，不断进行自我革命，在新时代自觉增强理论自信，凝聚强大的精神力量。

第一节 中国共产党理论自信的有利机遇

总体上来讲，无论是从国际形势还是国内形势来看，新时代中国共产党自觉增强理论自信都面临着诸多的有利机遇。国际上，受金融危机的影响，使资本主义在世界范围内的影响力受到重创，西方价值观遭到打击，客观上促进了马克思主义影响力回升，世界社会主义运动出现新的增长点。国内看，改革开放以来，中国创造了经济快速发展和社会长期稳定的"两大奇迹"，使中国人增强了自信心。而党的理论创新最新成果——习近平新时代中国特色社会主义思想，也为社会主义事业注入新的动力。

一、金融危机打击了西方价值观的影响力

经济危机是世界经济发展历史进程当中的产物，它不仅在经济领域产生了重大深远的影响，而且对民众的价值观和社会心理的影响也在日益加深。从19世纪中期以来爆发的几次经济危机，特别是在2008年由美国次贷危机引

发的金融危机当中就可见一斑。金融危机在给西方资本主义国家带来经济上的一系列消极影响的同时，也重重地打击了西方价值观的影响力。

（一）金融危机削弱了资本主义意识形态和价值观的影响力

20世纪以来，伴随资本主义制度和社会主义制度的相继产生，二者之间的对抗和斗争也随之而来。资本主义制度曾一度在两者之间的斗争中处于优势和主导地位。特别是在东欧剧变、宣告社会主义在苏联失败之后，以美国为首的西方资本主义价值观更是以"胜利者"的姿态出现在世人面前。"历史终结论"（美国学者弗朗西斯·福山）也一度在西方学界当中红极一时，受到很大一部分专家、学者、政客的跟风、追捧。然而，在短短的20多年过去之后，这种"胜利者"的姿态再无他日风采。2008年因美国次贷危机而引发了金融危机，这使西方国家在经济、社会等各方面都受到了重创，资本主义国家在整体实力上呈现出全面衰退的走向。特别是西方国家在这次金融危机的应对上，充分暴露出资本主义经济制度、政治制度和价值体系等方面的弊端，引起了很多西方民众的强烈不满，致使西方价值观遭到前所未有的指责和质疑，其优越感逐步弱化，话语权逐步丧失。金融危机不仅使"资本主义不可战胜"不再是不可撼动的神话，而且也破除了盲目迷信西方价值观的各种错误倾向。美国学者弗朗西斯·福山也开始反思并不断修正自己的观点。2008年爆发金融危机后，在接受日本记者采访时，他指出，西方民主可能并非人类历史进化的终点，此后，福山又出版著作《政治秩序与政治衰败：从工业革命到民主全球化》，并在英国《展望杂志》上发表《美国已成失败国家》一文，指出美国的过度制衡机制使国家的效力大打折扣，"西方自由民主可能并非人类历史进化的终点"[①]。从"历史的终结"到国家治理低效再到"美国已成失败国家"，以福山为代表的西方学者对资本主义价值观的淡定笃信显然已经不容乐观。

（二）金融危机的爆发再一次展现出马克思主义的强大生命力

探究2008年金融危机发生的根本原因，我们仍然能从马克思主义关于

---

① 弗朗西斯·福山. 日本要直面中国世纪［J］. 中央公论，2009（9）.

经济危机理论的论述中去寻找答案。马克思指出："一切现实的危机的最终原因，总是群众的贫穷和他们的消费受到限制，而与此相对比的是，资本主义生产竭力发展生产力，好像只有社会的绝对的消费能力才是生产力发展的界限。"①这里对资本主义经济的本质及规律的分析，揭示了金融危机爆发的根本原因，对金融危机、经济危机的形成和发展，马克思主义再一次展现了极强的解释力和穿透力，彰显出马克思主义的强大生命力，以至于在金融危机爆发后，马克思故居成为热门旅游景点，而《资本论》也再一次成为受到西方学界、政客青睐的畅销书，再一次掀起了"马克思热"，正如时任德国财政部长的佩尔·施泰因布吕克所言，迄今为止还没有一个人对资本主义理解的深刻程度是可以超过马克思的，如果我们看看马克思在《资本论》里面的很多论述，我们就会很深刻地理解为什么会发生这次大规模的金融危机。

（三）金融危机在打击资本主义价值观的同时，也直接孕育着它的对立面即社会主义优越性的彰显

2008年国际金融危机当中，在世界各国普遍遭受经济危机重创时，中国却一枝独秀，率先实现了经济回升，充分展现出中国特色社会主义的优越性，向世界展示了中国应对金融危机的成功实践，证明了中国特色社会主义道路是完全正确的。危机破除了人们对各种形式的"模式崇拜"，展现了中国特色社会主义自信。总之，国际金融危机不仅使资本主义遭受重创，而且反对、质疑、批判资本主义的声音也更加高涨，客观上为中国共产党增强理论自信提供了有利的国际机遇。而且，这种机遇并不是西方国家偶然性的、暂时性的意识形态策略失误所创造的，而是资本主义制度本身的缺陷和历史演变的客观结果，是中国成功应对金融危机的实践使然。

二、中国奇迹增强了中国人的自信心

"近年来，一些国际机构和智库的调查报告显示，中国人对未来更自信更

---

① 中共中央马克思恩格斯列宁斯大林著作编译局.马克思恩格斯文集：第7卷［M］.北京：人民出版社，2009：548.

乐观"①，为什么中国人越来越自信？解读幸福中国的密码，我们可以看到中国发展所创造的"两大奇迹"的力量不容忽视。新中国成立70多年来，特别是改革开放40多年来，中国共产党带领中国人民所创造的经济快速发展和社会长期稳定的"两大奇迹"，使中国人增强了多重自信。

（一）对国家未来前景充满信心

一是这种自信来自国家综合实力的显著增强。新中国成立70多年、改革开放40多年来，中国共产党带领全国人民自力更生、艰苦创业，取得了世人瞩目的成绩。经济上，从一穷二白跻身世界第二大经济体，成为第一制造业大国，目前已经拥有全球最完备的工业体系，是唯一一个拥有联合国产业分类中全部工业门类的国家。科技上，实现了从落后到跟跑、并跑甚至是在某些领域领跑的历史性突破，"墨子号"、高铁、国产大飞机等一系列重大科技成果相继问世。中国发展带来了翻天覆地的变化，增强了国人的自信心和自豪感。

二是这种自信来自人民幸福感、获得感的明显提升。以人民为中心的发展理念，一直是中国共产党执政以来的初心和使命，在中国崛起的过程中，人民群众享有越来越多的权利公平、机会公平、规则公平，社会主义民主和法治建设取得明显成效，人民的幸福感、获得感明显提升，更加对中国特色社会主义事业充满信心。

三是这种自信来自我国国际影响力的大幅提高。改革开放的发展和社会主义市场经济的确立，使我国对世界经济增长的贡献率越来越大，已经超过了30%，从整体上提升了我国的国际地位，这也为"人类命运共同体"理念和"一带一路"倡议的实施创造了极为有利的条件，伴随着近年来"一带一路"倡议的实施，国际上对我国的认可度和接受度也越来越高，形成了共建"一带一路"的良好氛围，中国也日益走近世界舞台的中央，向全世界彰显出大国责任与担当。

（二）对中国特色社会主义道路、理论、制度、文化充满信心

两大"中国奇迹"不仅让我们对国家发展前景充满了自信，同时也对自

---

① 王一鸣，李晓琳. 一个又一个奇迹让我们更自信 [N]. 人民日报，2019-11-22（9）.

身所坚持的道路、理论、制度和文化充满了自信，这种自信为中国梦的实现汇聚起了强大的力量，而"中国奇迹"主要与以下几方面有关。

一是"中国奇迹"得益于正确道路的选择。中国用几十年的时间走完了发达国家几百年才走过的发展历程，其中最重要的一点就是中国人民选择了一条正确的道路，即中国特色社会主义道路。中国人民已经、正在并将继续沿着这条道路奋勇前进。

二是"中国奇迹"源于理论的科学指导。中国特色社会主义理论与时俱进、不断发展，形成了一系列理论探索新成果，特别是习近平新时代中国特色社会主义思想，深刻回答了在新时代要坚持和发展什么样的中国特色社会主义，怎样坚持和发展中国特色社会主义的时代之问，提供了思想指导和行动指南，彰显出前所未有的理论自信。

三是"中国奇迹"得益于中国特色社会主义制度的显著优势。党的十九届四中全会系统总结和概括了我国制度的13个显著优势，这些优势的形成得益于党的长期实践摸索，是应用于实践并被实践证明了的科学制度体系，伴随着国家治理体系和治理能力现代化的显著提升，正在不断彰显中国制度的显著优势。

四是"中国奇迹"得益于中国特色社会主义文化的滋养。文化自信是更基础、更广泛的自信，具有更深沉、更持久的力量，中国特色社会主义文化不忘本来、吸收外来、面向未来，根植于中国特色社会主义的伟大实践中，为构筑中国精神、中国力量提供了强大的精神指引。

（三）对中国共产党执政充满信心

习近平指出，"中国特色社会主义最本质的特征是中国共产党领导，中国特色社会主义制度的最大优势是中国共产党领导，党是最高政治领导力量"[①]。建党100多年、执政70多年，中国共产党已经从一个幼小的政党成长为一个日渐成熟的政党。

中国共产党在其成长、发展的历史进程中，不断强化党的执政自觉，加

---

① 中共中央宣传部.习近平新时代中国特色社会主义思想学习纲要［M］.北京：学习出版社，2019：68.

强全面从严治党，在净化党内政治生态中实现了自我净化、完善、革新和提高。在理论上，坚持与时俱进，进行理论创新，形成了一系列理论成果，使党有了坚实的理论自信基础。在实践上，中国共产党带领中国人民在伟大复兴的历史征程中作出巨大贡献，党的面貌、国家的面貌、人民的面貌发生了前所未有的变化，使党在新时代执政有了坚实的实践自信基础。从党的自身建设上，中国共产党经历革命、建设和改革，历经苦难、淬火成钢，在思想、组织、作风和政治建设等方面形成了一系列优势，使党在新时代执政有了坚实的本体自信。

党的十八大以来，从中央出台"八项规定"到开展各种主题教育，都是在不断地加强和完善党的领导，使中国共产党在自我完善、发展中逐渐建立起执政自信，并不断彰显这种自信。党的十九大刚刚结束不久，中国共产党就发起了主场外交活动，即中国共产党与世界各国政党高层对话会，这是首次中国共产党与全球各类政党领导人进行的一个对话会，也是出席人数最多的一次对话会，通过政党交流的平台，传播中国声音，与世界共享中国执政经验，敢于把自己推向世界的舞台，让世界政党评判自己，向全世界彰显出中国共产党的执政自信，中国人民更加坚信只有在中国共产党的领导下才能真正实现国富民强，实现人民幸福安康。

三、世界范围内社会主义运动的新发展

社会主义自20世纪诞生以来，有过蓬勃发展的辉煌历史，也经历了东欧剧变、苏联解体的低迷时期。进入21世纪，世界社会主义运动从捍卫自己的生存发展到实现积极主动作为，从防守应对各种危机到实现自主发展，正在逐渐走出低潮时期，向世界社会主义复兴迈进。不仅中国特色社会主义蓬勃发展，而且其他国家的社会主义运动也在各展其长，社会主义火焰重新燃起，世界范围内的社会主义运动展现出生机和活力。

（一）世界社会主义运动走出了因东欧剧变、苏联解体而导致的巨大困境

20世纪90年代，伴随着东欧剧变、苏联解体，世界社会主义运动陷入低潮。"历史终结论""社会主义失败论""社会主义灭亡论"一时甚嚣尘上，不

绝于耳，西方的学界、政界似乎看到了资本主义胜利、社会主义灭亡的曙光即将到来，然而，中国在这场巨变当中，顶住压力，迎接挑战，巍然屹立于世界东方，拯救和捍卫了社会主义。21世纪金融危机的爆发，使资本主义陷入整体危机中。在应对这场金融危机中，社会主义国家充分显示了社会主义制度、道路的优越性，率先实现了经济复苏，以实际行动向世界证明了"历史终结论"的终结、"马克思主义失败论"的失败、"社会主义灭亡论"的灭亡，社会主义开始在世界范围内缓慢复苏，从低潮走向复兴。各国共产党在经历社会主义运动低潮后，也开始逐渐改变工作方式，对马克思主义有了新的认识，将马克思主义与本国实际相结合，更加注重国与国间的团结合作，加强国际联系，相互交流经验，在各国的改革实践中砥砺前行，取得了显著成就，显示出社会主义的勃勃生机与活力，昭示了社会主义的广阔发展前景。

（二）越南、老挝等社会主义国家实践推动世界社会主义运动的总体发展

越南和老挝始终在本国发展中坚持马克思列宁主义，坚持社会主义方向，积极推动改革，在现代化的成功实践中推动世界社会主义运动的发展。

1986年，越共召开第六次全国代表大会，提出了全面革新的路线，开始进行越南社会主义改革。在越南的影响下，老挝人民革命党也开始了社会主义革新，古巴和朝鲜也开始了不同程度的社会主义改革。2016年是越南改革30周年，回首30周年的改革史，越南坚持社会主义道路，取得了重要的成就，使越南从一个拥有90%农业人口的落后农业经济体，建立起逐渐满足工业化、现代化建设的经济社会基础设施，为推动国家发展创造了条件。老挝自1986年实施革新以来，坚持把马列主义基本原理同老挝实际相结合，在老挝人民革命党的领导下，结合本国实际，形成了自己的发展模式，始终把发展经济作为党和国家的中心任务。充分发挥老挝人民的积极性和创造性，探索出了一条适合老挝人民的革新发展道路，逐步摆脱了最不发达状态，政治建设稳步推进，经济建设卓有成效，生活水平逐步提高，文化事业繁荣发展。

越南、老挝的发展，向全世界展示了社会主义存在的必然性与合理性，坚定了社会主义的理论自信、历史自信、未来自信，虽在发展道路上仍存在

诸多问题，但其初心不改，始终坚持社会主义原则，这在总体上也推动了世界社会主义运动的发展。

（三）新时代中国特色社会主义为世界社会主义的发展注入强劲动力

习近平指出："科学社会主义在中国的成功，……对世界社会主义的意义，是十分重大的。"① 新时代中国特色社会主义的发展，开辟了世界社会主义运动的新局面，转变了东欧剧变、苏联解体所造成的社会主义运动的低迷态势，以其独特的理论和成功的实践为世界社会主义注入了新能量。可以说，中国特色社会主义是世界社会主义运动发展的主要推动力量。中国经济持续30多年快速、稳定的发展奇迹史无前例，为其他国家发展提供了中国智慧和中国方案；中国经济规模跃居世界第二大经济体，不仅影响了世界经济格局的变化，而且伴随着中国政治和文化影响的扩大，使世界社会主义力量也不断壮大，世界社会主义影响力不断提升；其不同于西方国家的发展道路的成功开辟，为世界上绝大多数非欧洲文化传统的国家提供了走自己的路也可以实现现代化的全新思维方式。新时代中国特色社会主义开创了科学社会主义的新境界，在科学回答社会主义革命、建设和改革的重大问题当中，不断进行理论创新，为世界社会主义运动提供了理论动力，树立了新标杆；社会主义制度的优越性，最终还是要靠实践的成功来印证，中国特色社会主义的成功实践已经做了初步的证明，中国共产党不断深化认识和正确处理了一系列重大关系问题，使"中国之治"与"西方之乱"形成鲜明对比，为世界社会主义运动提供了新方案；习近平新时代中国特色社会主义思想拓展了发展中国家走向现代化的途径，为当代世界社会主义运动提供了新思想；中国特色社会主义发展的历史进程，为当代世界社会主义运动作出了新典范。随着中国实践的巨大成功，中国道路的生命力和影响力也已延伸到国门之外，成为不少国家参照的方案，为世界社会主义运动的发展注入强大动力。

---

① 习近平．以时不我待只争朝夕的精神投入工作 开创新时代中国特色社会主义事业新局面［N］．人民日报，2018-01-06（1）.

第二节 来自西方文化和反华舆论的挑战

中国共产党自觉增强理论自信在面临难得机遇的同时，也面临着诸多挑战，特别是西方文化优越论以及各种反华舆论，它们从各个层面、角度对中国现行的理论、制度等进行抨击，诸如"修昔底德陷阱论""金德尔伯格陷阱论"不绝于耳，污蔑中国的"一带一路"是新殖民主义，"中国是在资本主义框架下搞改革开放"的声音时有发出，加之西方各种社会思潮的影响，这都对中国共产党坚定理论自信提出了很多迫切需要回应的现实难题，中国共产党在自觉增强理论自信问题上还有很多现实的挑战。

一、西方文化优越论的挑战

所谓西方优越论，一方面是指西方国家自身进行的一种自我美化、自我标榜和自我宣扬所表现出来的优越性，另一方面则是指中国内部存在的一种崇尚西方、赞美西方、迷信西方而表现出的一种西方国家优于本国的优越论。而在西方优越论当中，对于西方文化的自我美化、自我标榜、自我宣扬是西方国家进行意识形态渗透，西化、分化别国以及殖民、奴役别国的重要手段，通过文化渗透来影响别国人们的价值观念，使他国对其文化产生一种崇尚、赞美和迷信。从本质上来讲，西方文化优越论是一种文化霸权主义，其目的就是西化、分化和弱化他国，以此达到其遏制他国、称霸世界、称霸全球的目的。西方文化优越论对发展中国家，特别是对中国现有的理论、制度、文化以及所坚持的道路给予质疑、污蔑甚至歪曲、抹黑，对中国的意识形态构成了严峻的挑战。

从西方国家自身来看，自近代以来，伴随着西方工业革命和文艺复兴运动的兴起，西方国家在经济发展、民族振兴、制度建设和文化兴盛等方面都取得了较大的进步，这使得西方优越论逐渐盛行，突出表现在种族优越论、文化优越论和制度优越论等方面。特别是从19世纪以来，随着西方国家在世界发展当中地位的提升，越来越成为世界的主导力量，这使得西方国家更加标榜其文化的优越性，认为西方文化才是人类最值得尊崇、最先进的文化。同时，由于西方资本主义国家的殖民性、扩张性以及霸权主义本性的不断显现，使得其更加注重宣扬自身文化的优越性，打着所谓的民主、人权、自由、平等、博爱的幌子，通过娱乐、影视作品等表层文化，宗教、选举制度、法律法规等制度层面的文化以及西方的伦理观、价值观和思维方式等底层文化，来大肆宣扬西方文化的普适性、优越性，不断向外传播一种西方文化是人类最优秀的文化的理念，推行西方中心主义。美国前总统尼克松指出："美国过去是，将来应该永远是'意识形态的灯塔'，应把自己的价值观念转向全球，彻底战胜共产主义，以便领导世界。"①美国前总统特朗普在第73届联合国大会发表讲话时也曾讲到，基本上在每一个试图实行社会主义或共产主义的地方，都产生了痛苦、腐败和衰退。社会主义对权力的欲求导致扩张、侵入和压迫。世界所有国家都应当抵制社会主义，及其给每个人带来的痛楚。可以说，以美国为首的西方国家一时一刻也没有放弃过对社会主义国家特别是对中国的抵制、抨击和批判，一时一刻也没有放弃宣扬西方文化的优越性，一时一刻也没有放弃过以文化渗透来称霸世界、称霸全球的目的，西方文化优越论对中国的文化侵蚀和文化渗透，在客观上造成了一定的消极影响。

除此之外，从中国自身的角度来看，由于受到一系列客观因素的影响，也造成了一部分民众对西方文化不加鉴别地全盘接受，甚至是崇尚、宣扬西方文化，否定社会主义文化，使得部分民众产生信仰危机，出现理论自卑、理论他信、理论盲信等现象。突出表现在国内目前几种西方优越论的出现：一是忽视中国传统文化内在涵养的西方文化优越论。党的十八大以来，党和国家一直强调要树立高度的文化自觉和文化自信，但就当前民众实际思想状况来看，仍存在着部分民众盲目崇拜西方文化，倡导西式的生活、崇尚西式的民主，甚至是用西方文化来否定中国的优秀传统文化。缺乏文化自觉和文化自信，究其原因，最根本的就是对中国传统文化底蕴认识不足，对社会主义先进文化知之不多、了解不深、关注不够，进而盲目地崇尚西方文化优越论。二是在对西方文化片面认识基础上的西方文化优越论。我们不可否认西方文化当中不乏一些先进的、值得借鉴的文化因子，但就其本质来讲，建立在资本主义制度基础之上的资本主义文化仍然摆脱不了其为资产阶级利益服

---

① 尼克松.1999年：不战而胜［M］.王观声，郭健哉，李建英，等译.北京：世界知识出版社，1989：320.

务的本质属性，其内在的个人主义、拜金主义、享乐主义等都反映了西方文化的腐朽性，部分民众不加鉴别地一味宣扬西方文化的优越，正是对西方文化缺乏全面客观认识而造成的结果。三是在文化创新动力不足基础上的西方文化优越论。一个国家的文化影响力、感召力关键还在于文化内在的创造力。党的十八大以来，我国的文化事业和文化产业取得了前所未有的发展和繁荣，但是随着改革的不断深入，文化创新也出现了瓶颈和攻坚期，文化创新意识和文化创新机制都有待于进一步突破，文化创新动力不足使得部分民众对自身文化缺乏关注、认同和自信，导致出现西方文化优越论。四是基于民众文化素养缺失的西方文化优越论。文化素养如何直接关系到对文化的认同度，就目前讲，我国民众的文化素养仍有待提高，部分民众对于文化安全、意识形态安全等问题的认识仍缺乏理性思维和辨别能力，导致在西方文化强力渗透的情况下，很难抵挡西方文化的侵蚀，盲目接受西方文化的思想教化，崇尚西方文化，对中国主流文化造成挑战。

二、西方预设陷阱论的挑战

近年来，随着中国的崛起，各种"陷阱论"也一时间如雨后春笋般出现，各种论调此起彼伏、五花八门、名目繁多，如经济领域的"中等收入陷阱论""低生育率陷阱"，治理领域的"塔西陀陷阱论""卢梭陷阱"以及国际关系领域的"修昔底德陷阱论""金德尔伯格陷阱论"等，使中国在崛起过程当中面临着全球层面和国际关系领域的重大风险和挑战。在这其中最具代表性、当前较受关注的两种论调即是"修昔底德陷阱论"和"金德尔伯格陷阱论"。

"修昔底德陷阱论"源自古希腊修昔底德的一部著作《伯罗奔尼撒战争史》。在这部著作当中，修昔底德讲述了作为新崛起国家——古代雅典，同守成国——古代斯巴达两国之间持续20多年的战争，这场战争最终以守成国斯巴达获胜而告终，而崛起国雅典自此由盛而衰。依此得出了一个规律性的结论，即当新崛起大国与已获得霸主地位的守成国发生竞争时，双方之间通常是以战争的形式来结束这种竞争危险的。而后哈佛大学肯尼迪学院首任院长格雷厄姆·艾利森率领他的团队在对人类历史上所经历的16次主要权力转移进行研究后发现，有12次是通过战争的方式实现了权力从一个大国到另一个大国的转移，只有4次权力转移避免了战争，格雷厄姆·艾利森由此提出了"修昔底德陷阱"理论，他甚至直言不讳地用雅典和斯巴达来比喻今天的中国和美国。此后，一些西方学者甚至是政客也经常性地以此来设置话语陷阱，不断散布所谓的"修昔底德陷阱论"来夸大这种国强必霸的话语逻辑，借此来宣扬中国崛起之后对世界所造成的威胁。特别是看到中国国际地位不断上升的事实，使得西方特别是美国宣扬"修昔底德陷阱论"的论调更是甚嚣尘上，以冷战思维、零和博弈的心态来看待中国崛起的事实，并将这种"陷阱论"带来危害的根源归结为中国。正如学者格雷厄姆·艾利森指出，"雅典势力的扩张让斯巴达产生了恐惧。将此应用到中美关系就是，一旦将来发生战争，中国应当对战争的发生负责"①。而此前西方部分学者关于中美关系的一系列论著的问世，也似乎为格雷厄姆·艾利森的论调给予了印证。亚伦·弗里德伯格的《霸权之争》、约翰·米尔斯海默的《大国政治的悲剧》和《中国的不和平的崛起》等，似乎都在一次次呈现着中国崛起、大国必战的悲观逻辑，将中国崛起视为对西方大国霸权的挑战，并由此引发全球性的冲突。

　　与"修昔底德陷阱论"所阐释的国强必霸理念不同，"金德尔伯格陷阱论"似乎显得趋于温和、相对中立，但在深入探究其内涵本质后，则会看到其与"修昔底德陷阱论"如出一辙、别无两样，实质上都是在大国博弈当中西方国家对中国的一种打压、遏制。"金德尔伯格陷阱论"源于美国著名的经济史学家、国际关系学家查尔斯·P.金德尔伯格在解释1929年大萧条时所提出的一个命题。他认为，一个超强国或霸主国为了维护其自身在世界经济和政治当中的领导地位，会主动承担维护世界稳定的公共支出和公共成本，并由此从中获得更为重要的利益。而20世纪30年代出现的大萧条正是由于美国在取代英国的霸主地位后，却未能发挥提供公共产品和公共支出作用而导致的结果。随后，金德尔伯格这一理论被美国智库学者约瑟夫·奈加以推崇，用来说明曾经居于领导地位的大国在衰落之际由于新型大国无力或不愿提供全球公共

---

①　晏绍祥.修昔底德陷阱与中美关系：评《伯罗奔尼撒战争史》[N].光明日报，2014-03-17（15）.

产品而造成的世界治理领导力的真空局面，即"金德尔伯格陷阱"。其实质仍是一种霸权稳定论，其逻辑前提是国际社会处于一种无政府状态，只能由取得霸主地位的霸权国家承担公共责任、提供公共产品来维护世界秩序。这对于崛起和复兴的中国来说，无形当中被带入了一种两难境地，承担公共责任即是霸权行径，不承担公共责任则是无担当的表现。

三、西方社会思潮的挑战

社会思潮是社会意识在一定历史条件下反映社会存在的产物，它是与时代的发展相伴相生的。改革开放以来，各种社会思潮也在不断涌现、层出不穷。特别是中国在改革开放后经历了经济关系的深刻变革，这在一定程度上催生了各种各样社会思潮的出现，而相对宽松的政治环境也为社会思潮的萌生提供了客观环境，思想文化领域的空前活跃以及改革进程中利益关系调整带来的社会矛盾冲突也激发了社会思潮的涌动。一时间，在中国大地上出现了十几种社会思潮，如新自由主义、历史虚无主义、新左派思潮、公民社会、"普世价值"等。党的十八大以来，特别是进入新时代，各种社会思潮不断发展演变，呈现出新的特点和发展趋势，这些社会思潮从一定程度上对中国社会主流意识形态造成了冲击，影响中国改革开放和社会主义现代化建设的正确方向和历史进程。其中比较有代表性、有一定影响的思潮主要有以下五种。

（一）"全盘西化"的新自由主义

新自由主义一直以来在西方社会占据着主流意识形态地位。它在经济上主张实行私有化、市场化和自由化，在政治上倡导西方的议会制民主政治，在文化上宣扬自由、平等、民主。在中国特色社会主义进入新时代、改革开放进入攻坚期和深水区时，新自由主义思潮被某些人奉为解决中国深化改革中各种问题的一剂良药，认为中国实行的供给侧结构性改革就是对西方供给学派的效仿，实行的企业混合所有制改革就是要实现私有化，认为市场在资源配置中起决定性作用就是要放弃政府干预，主张中国经济发展要实行新自由主义。更有部分学者在中国积极推行"公民社会"，大力宣扬西方民主制度，主张发挥"社会"力量，放弃国家对社会的调控，究其实质，与新自由主义思潮如出一辙，都是企图推翻中国共产党的领导，颠覆社会主义的国家政权，攻击社会主义意识形态，以此来削弱其对中国特色社会主义的认同感和自信心。

（二）效仿西方政治的宪政主义

自党的十八届四中全会提出"依宪治国、依宪执政"以来，这似乎给国内主张西方宪政主义的学者提供了契机，他们开始大肆鼓吹中国的依宪治国、依宪执政就是西方的宪政主义，认为中国的政治道路最终会走上西方的宪政道路，把中国的国家治理模式同西方宪政混为一谈，以此来混淆视听，用西方的政治话语陷阱宣扬西方的价值观和意识形态，从而达到其颠覆社会主义制度和人民民主政权的目的。

（三）削弱主流意识形态的历史虚无主义

主流意识形态建设是新时代加强党的领导和巩固党的执政地位的一项极端重要的工作，关系到党的信仰和对社会主义的信念。近年来，随着虚无主义在全球的扩散，中国也未能幸免虚无主义的侵蚀，而在历史、文化、价值、生态等各种虚无主义思潮当中，历史虚无主义思潮在中国显现得更为突出，它经常穿着学术的外衣，以"历史重现""历史翻案"的面貌出现在世人面前，丑化英雄、诋毁英雄，歪曲历史，使民众对中国革命、建设和改革史产生错误的认知，把文化领域的历史虚无演变成一场政治领域的思想斗争，以此来动摇中国共产党的合法执政地位。

（四）激化社会矛盾的民粹主义

民粹主义思潮也是发端于西方的一种社会思潮，在中国通常显现于发生各种重大事件的场合中，尚未形成固定的思想观念和组织体系。但是这种思潮由于其利用现代化的互联网平台，通过抨击各种社会现实问题来激化社会矛盾，因而在中国的发展进程中也产生了一定的影响。特别是一些网络意见领袖、舆论"大V"利用民众的趋同心理，把中国改革开放过程中出现的城乡发展不平衡、贫富差距拉大、贪污腐败等问题不加分析地片面夸大，站在所谓维护"公民利益"的道德制高点上，打着"为民请命"的旗号，煽动、误导民众，制造群体性事件，危害社会秩序，造成了不良影响。

（五）肆意歪曲抹黑的新殖民主义

所谓新殖民主义是相对于旧殖民主义而言的，与旧殖民主义所采取的暴力、武装夺取被殖民国家的土地、财产，奴役被殖民国家人民不同，新殖民主义采取的是更为隐蔽的方式，主要是通过控制殖民地的经济，强迫殖民地生产经济作物为本国提供服务而实行的一种手段。通常是指二战之后西方资本主义国家对发展中国家所进行的一种殖民方式，一直以来，非洲都是西方资本主义进行新殖民主义的"重灾区"。本书中的"新殖民主义论"是指针对中国近年来实施"一带一路"倡议，国际社会特别是西方某些媒体、政客别有用心地对中国的一种污蔑、抹黑，恶意指责中国在非洲推行的"一带一路"理念及实践是搞"新殖民主义"。这种新殖民主义论的宣扬、中伤，无论是在国际抑或是国内都造成了非常消极的影响。在国际上，它不仅在一定程度上引起了"一带一路"参与国对中国实施"一带一路"倡议初衷的误解，而且也影响到中国一贯坚持和平发展理念所树立的良好国际形象。对于中国自身而言，把"一带一路"倡议说成是新殖民主义的论调，也对中非关系造成了负面影响，一定程度上影响到中非国家的国际交流与合作，对部分民众产生了思想误导。"一带一路"倡议的实施以及由此引发的新殖民主义论调也从侧面反映了中国价值观国际传播的客观需求。为什么"一带一路"倡议会被部分外媒蓄意歪曲、抹黑成新殖民主义？为什么"一带一路"倡议会被部分非洲兄弟误解？为什么"一带一路"倡议会被某些学者诋毁成是"悄然左右他国言论、遏制西方发声"？不可否认，其中不乏别有用心者的主观故意，但是从中国自身来讲，更应该反思提升自身理论传播能力、话语传播能力的必要性和紧迫性，从而更好地发出中国声音、讲好中国故事，有效应对新殖民主义、搞地缘政治等错误论调的挑战。

总体而言，各种错误社会思潮都是社会现实在思想层面的反映，它们在一定范围、一定程度上都对中国社会产生了消极的影响。从本质上来讲，各种错误社会思潮都是对中国特色社会主义理论和社会主义制度的否定，是建立在唯心主义认识论基础上的价值观念，其根本意图就是弱化中国共产党的领导，弱化中国共产党的执政地位，在思想观念上误导民众的价值观，进而对中国共产党自觉增强理论自信提出了现实挑战。

第三节 推进新时代中国特色社会主义事业的新考验

新时代，建设中国特色社会主义事业并非一帆风顺，一路坦途，还面临着来自各个方面的困难和考验。改革道路上的各种艰难险阻、执政党面临的"四大考验"和"四种危险"、社会各个阶层利益的分化和固化等，这些都是中国特色社会主义事业前进道路上要解决的现实难题和面对的考验。

一、中国发展面临复杂多变的国内外环境

习近平总书记在纪念改革开放40周年大会的讲话中指出，我们现在所处的"是一个船到中流浪更急、人到半山路更陡的时候，是一个愈进愈难、愈进愈险而又不进则退、非进不可的时候"[①]。新时代推进改革开放、推进中国特色社会主义事业面临着诸多现实困难和严峻挑战，这种困难和挑战已不是新中国成立之初简单的物资匮乏、经济落后，已不是改革开放之初简单的技术落后、资金短缺……中国共产党带领中国人民经过40多年的改革开放，已经奠定了坚实的物质基础，但与此同时，改革开放所面临的深层次问题也是前所未有的。在中国特色社会主义事业前进的道路上，遇到的问题会越来越复杂，出现风险的概率会越来越大，面临的国际环境也越来越多变。

从面临的国际环境来看，当今世界正处于百年未有之大变局。不确定因素越来越多，有的可以预见，有的难以预见，有的不能预见。特别是随着中国国际地位的提高和国家影响力的扩大，在中国更接近世界舞台中央的同时，也把中国推到了国际舆论的风口浪尖上，各种目光聚焦到中国，关注中国，有赞赏者、有羡慕者，也有心态复杂的旁观者，更有甚者炮制"黄祸论"，鼓吹"文明冲突论""种族对抗论"，竭尽所能来打压中国、遏制中国的发展，对中国进行极限施压，可谓处心积虑，无所不用其极。越来越多的国家特别

---

① 习近平. 在庆祝改革开放40周年大会上的讲话［M］. 北京：人民出版社，2018：42.

是西方的一些国家，把中国的崛起视为一种威胁，中国越发展壮大，外部的阻力和压力也越大，面临的不确定性和风险也越多。西方国家别有用心地制造各种"中国威胁"论，对中国进行经济制裁，干涉中国内政，对中国进行打压、遏制和封锁，实质上都是企图阻碍和中断中国实现中华民族伟大复兴的历史进程。

从面临的国内环境来看，中国的改革开放已经把好走的路走完了、好吃的肉吃掉了，剩下的都是坎途险峰和难啃的硬骨头，改革已经进入攻坚期和深水区，改革的难度越来越大，所遇到的问题都是一时难以解决或很难解决的深层次问题。如贫富差距拉大的问题依然存在，城乡区域发展不平衡的问题仍未解决，在关键领域的核心技术问题还急需攻关，等等。在全球500强企业中，中国企业虽在数量上占绝对优势，但企业的附加值还处于劣势，在重点领域、关键部门的核心技术仍然受制于人，劳动生产率不足的问题亟待解决，2018年我国芯片进口额达3100多亿美元，远超石油进口额。一些地区环境污染仍很严重，生态系统受损和退化问题依然突出，环境资源承载能力已接近上限，生态环境问题亟待解决。此外，伴随着经济的迅速发展，人民在物质需要得到极大满足的同时，需要也呈现出多样化、多层次性，人们关注的已不再是简单的吃饱穿暖，而是有更高层次的关乎教育、就业、住房、医疗、社保和文化等各个方面的美好生活需要。人民利益无小事，哪个问题都不是小问题，都需要严肃对待、积极解决。

但同时我们也应该看到，中国已经迎来了实现中华民族伟大复兴的最好时刻，比历史上任何一个时期都更接近实现中华民族伟大复兴，已经到了山高路远但风光无限，逆水行舟、不进则退的关键节点。历史的道路不总是一帆风顺的，从历史发展的兴衰规律来看，一个国家通常会在两个时期面临较大的压力，一个是积贫积弱谋求独立之时，一个是发展壮大实现振兴之际，而今日之中国，则正是处于实现由大变强的重要关键时期，正可谓是愈进愈难，不进则退、非进不可的阶段，这对执政的中国共产党来说，承担的使命更光荣、任务更艰巨、挑战也更大。

在这些困难和挑战面前，信心、信念和信仰就显得比任何时候都要至关重要。中国共产党如何能够始终坚定自己的信念，始终领导中国人民沿着中国特色社会主义道路义无反顾、奋勇前进，愈战愈勇、愈挫愈奋，关键还在于能否始终坚持正确的理论信仰、能否坚定对中国特色社会主义的信心，这是引领中国人民实现站起来、富起来、强起来的强大精神力量，是实现中华民族伟大复兴中国梦的伟大精神指引，也是新时代中国共产党更应自觉增强理论自信的原因之所在。

二、党仍面临四大考验和四种危险

中国共产党自成立以来，一直是一个勇于进行自我革新的政党，始终注意保持党的先进性和纯洁性，不断提高党的执政能力和领导水平，自觉抵御外界风险侵蚀，提高拒腐防变的能力。随着中国特色社会主义进入新时代，中国共产党所面临的世情、国情和党情都发生了深刻的变化，影响党的先进性和弱化党的纯洁性的因素也变得极其复杂并具有破坏性，这使得中国共产党执政面临着各种新的风险和考验。习近平总书记深刻指出，新时代中国共产党仍面临着"长期执政、改革开放、市场经济、外部环境"的"四大考验"和"精神懈怠、能力不足、脱离群众、消极腐败"的"四种危险"，这些考验和危险长期复杂且尖锐而严峻。这也对新时代中国共产党自觉增强理论自信提出了严峻的课题和挑战。

（一）"四大考验"影响中国共产党增强理论自信的坚定性

中国共产党成立100年来，历经风风雨雨却依然能够保持自身的执政地位，其执政的优越性自然不言而喻，但是我们仍要看到新时代中国共产党执政所面临的各种考验。当我们在客观看待党执政所面临的四大考验时，我们不得不思考与中国共产党执政相联系的若干疑问：长期执政是否会导致党变质？改革开放是否会导致党的先进性的丧失？市场经济是否会使党内形成既得利益集团？外部环境是否会使党迷失方向？这一系列的问题，归结为一点，即是党执政的合法性和合法地位的问题，而党执政的合法性和合法地位有赖于党的先进性和纯洁性，有赖于党对自身执政理论与实践的坚定性。而中国共产党在长期执政中所面临的"四大考验"恰恰使党面临弱化先进性、损害纯洁性和动摇执政坚定性的各种因素，这些因素对于党坚守初心使命、巩固执政根基具有严重的危害，影响中国共产党对自身理论的自信心和坚定性，如果防范不严，整治不及时，长此以往，必将积重难返，正可谓千里之堤溃于蚁穴，小问题、小管涌也会酿成全局性、颠覆性的灾难。

（二）"四种危险"弱化中国共产党增强理论自信的自觉性

中国共产党所面临的"四种危险"，从实质上讲，即是中国共产党的理想信念和理论信仰上的危险。在这"四种危险"当中，精神懈怠危险是第一位的，它会导致对自身能力认识不足，进而脱离群众和消极腐败。克服精神懈怠对于一个国家和政党来说是至关重要、不可或缺的。精神懈怠会导致在遇到问题时不敢直面，不去解决，讳疾忌医；在面对涉及群众切身利益的问题时，高高在上，不担当不作为；在面对各种利益取舍和外界诱惑时，不能严于律己，保持头脑清醒；在面对新生事物、复杂矛盾时，避重就轻，消极怠工，致使一些党员、干部理想信念缺失，政治意识淡化，责任意识缺乏，出现失职渎职，导致腐败的多发频发，等等。诚然，党的十八大以来中国共产党在从严治党、反腐倡廉的道路上取得了显著的成效，得到了全国人民的认可和高度评价，但是我们仍要保持头脑清醒，党内还有很多突出问题尚未得到根本解决，如政治不坚、思想不纯、组织不力和作风不严等，而一些已经解决的问题还有反弹的可能，新问题也在不断出现，"政治细菌群"还在个别肌体潜滋暗长，稍有松劲，"病毒"就将卷土重来。"四种危险"依然复杂严峻，这些危险不仅严重侵蚀党的肌体，弱化党的拒腐防变能力，同时也在一定程度上削弱了理论自信的自觉性。

因而，新时代中国共产党增强理论自信，必须自觉应对"四大考验"，自觉抵制"四种危险"，自觉坚定信念，昂扬斗志，不断进行自我革命，提升政治境界、思想境界、道德境界，不断增强执政本领，时时推进理论创新，始终保持政治上的清醒和坚定，树立和强化应对风险和考验的忧患意识，自觉担当民族复兴大任。

三、国内社会阶层利益的分化与固化

历史发展的规律表明，任何一种社会形态都会形成一定的利益格局，呈现不同利益群体在社会中的处境和地位。这种利益格局不是一成不变的，而是会随着经济社会的发展变化而出现分化和利益重组。中国的改革开放使中国经济由单一的公有制转变为以公有制为主体、多种所有制经济共同发展的形式，这种经济体制的变化也带来了社会阶层的分化和重组，由此所引起的利益分化和固化问题，导致了不同阶层思想观念和价值观念的多元化，这对中国共产党的主流意识形态提出了严峻挑战，进而影响到中国共产党理论自信的自觉增强和不断坚定。

（一）国内社会阶层利益分化对中国共产党增强理论自信产生消极影响

改革开放40多年，中国社会经历了一场广泛而深刻的变革，社会结构的变革即是其中之一，它带来了社会阶层的分化以及社会阶层利益的分化，使社会不同群体因利益的分化和重组，而形成不同的既得利益集团，他们在经济利益、政治利益、文化利益等各个层面都存在着不同的诉求，这些诉求使得各个社会阶层、群体之间产生了利益分歧和矛盾，这些矛盾促使社会各个阶层对中国特色社会主义的政治认同、理论认同、情感认同等方面出现偏差，进而削弱了对中国特色社会主义的理论自信，具体体现在以下几个方面。

一是社会阶层物质利益分化的影响。诚然，在改革开放中允许一部分人、一部分地区通过诚实劳动、合法经营先富起来，但是在实际的发展过程中，由于受到各种因素的影响，不同社会阶层所拥有的资源和利益博弈的能力是不同的，这就造成了不同阶层的物质利益分化，而当民众认识到某些物质利益分化的原因属于非正常现象（如权力的滥用、腐败、社会分配不公正等）时，就会导致其对中国共产党的执政理论和执政制度产生怀疑，进而影响对中国特色社会主义的理论认同和理论自信。

二是社会阶层政治利益分化的影响。社会阶层分化在带来物质利益分化的同时，也使得不同社会阶层实际进行政治参与的权利产生了分化，即政治利益的分化。不同阶层政治利益的不均衡性导致不同阶层进行政治参与的不平等，如在各种社会阶层当中，具备知识文化水平较高的群体相对获得政治参与的渠道和能力也就越多，而对知识文化水平相对较低的农民劳动者阶层而言，政治参与的渠道和参与的积极性、可能性都会受到影响，当这些群体在遇到不公正待遇、利益诉求得不到满足时，必然会把责任归咎为中国共产党，归咎为中国特色社会主义理论和制度。

三是社会阶层文化利益分化的影响。文化是一个民族、一个国家的灵魂。物质利益和政治利益的分化必然带来文化利益的分化，由于身处不同的阶层和群体，他们所受的教育程度、文化水平、知识素养、文化需求等都会存在差异，这种差异就造成了不同社会阶层的文化差距的拉大，从某种意义上来说，文化利益分化对主流意识形态的认可更具影响力。特别是处于底层的民众，当他们在自身生存、发展以及子女接受教育等涉及文化的需求得不到满足时，就可能造成民众心理上的不认同，降低对中国特色社会主义的认同感，降低对中国特色社会主义的理论自信。

（二）国内社会阶层利益固化对中国共产党增强理论自信产生消极影响

社会阶层的利益分化使不同阶层有不同的利益诉求，这种利益诉求导致利益群体思想价值观念的多元化，冲击主流意识形态。而社会阶层利益固化，则是指一些既得利益集团、若干特殊群体，他们在中国改革开放过程中利用各种特殊的身份、条件，钻制度的空子，利用体制的弊端，来追求和获得各种利益，从而使这种利益群体相对稳定和固定。这种社会阶层利益固化会产生"马太效应"，导致贫富差距的不断扩大，贫困的阶层越来越贫困，富有的阶层会因其掌握的各种资源而越来越富有。而这种贫富两极分化，会造成社会弱势阶层和群体的不满，产生不良的社会心态，甚至会造成不同社会阶层之间的对立和冲突，造成社会的动荡。从本质而言，社会阶层利益固化是一种社会不公正的表现，而实现社会的公平正义是中国特色社会主义的内在要求，一定阶段一定范围内的社会阶层利益固化，会使部分民众，特别是处于弱势阶层的民众对中国特色社会主义道路、理论、制度产生悲观、失望的情绪，在一定程度上丧失对指导中国特色社会主义实践的理论的自信。

第五章　新时代中国共产党增强理论自信的措施

新时代中国共产党的理论自信不是自发形成的，更不可能一蹴而就、一劳永逸，对于这一点既要有清醒的理论认识，又要保持求真务实的实践态度。新时代中国共产党自觉增强理论自信既要把握基本原则又要掌握总体要求，既要有理论自觉更要有实践自觉，在理论与实践相结合的基础上夯实中国共产党自觉增强理论自信的社会工程。

第一节　中国共产党增强理论自信的原则

新时代，中国发展有了新的历史方位。新时代，中国共产党坚守初心和使命，也赋予其新的时代责任和时代任务，这也对新时代的中国共产党自觉增强理论自信提出了原则要求。中国共产党是中国特色社会主义事业的领导核心，其执政宗旨即是全心全意为人民服务，因而，新时代中国共产党自觉增强理论自信必须坚持党的领导、必须坚持问题导向、必须坚持人民主体向度，从而为指导新时代中国特色社会主义事业提供精神动力。

一、坚持中国共产党的领导

中国共产党自觉增强理论自信，其责任主体是中国共产党，自信的理论指向是中国共产党所创立的中国特色社会主义理论，核心要求是自觉增强。应当讲，中国共产党自觉增强理论自信，是中国共产党的自我完善和自我发展，是对自身创立的理论体系和社会制度的再认识、再升华。中国特色社会主义理论是中国共产党在领导中国社会主义建设和改革的伟大实践中所创立、形成并发展的，在理论与实践结合中，中国共产党体悟最深，最有发言权。

因此，中国共产党自觉增强理论自信，必须始终坚持中国共产党的领导，否则就不称其为自觉增强，理论自信的指向也会产生偏移。

（一）坚持中国共产党的领导能凝聚起增强理论自信的最广泛共识

中国共产党不仅是最高政治领导力量，而且有着最广泛的民众基础。从历史上看，中国共产党成立以前的旧中国，长期处于帝国主义瓜分蚕食、军阀割据混战的局面，中国人民生活在水深火热之中，人民在挽救民族危亡的抗争中感到迷茫和彷徨，心中没有主心骨。中国共产党经历28年浴血奋战，建立了一个主权独立、民族团结、高度统一的新中国，形成了人民代表大会制度、人民政治协商制度、民族区域自治制度等，凝聚起了各党派、各民族以及全国人民的共识。从现实上讲，中国共产党在长期执政中，已形成了立党为公、执政为民的执政理念，始终坚持全心全意为人民服务的宗旨，出台了一系列惠民利民的好政策，人民群众的获得感、幸福感显著提升。广大人民群众更加热爱中国共产党、拥护中国共产党。如果没有中国共产党的领导，就不可能有今天安定团结的政治局面，就不可能将14亿中国人民凝聚起磅礴力量。中国共产党自觉增强理论自信，首要的还是要坚持党的领导，这是凝聚各党派、各民族共识的现实要求，也是历史的必然。

（二）坚持中国共产党的领导是增强理论自信的题中应有之义

理论自信说到底是对中国特色社会主义的理论自信。坚持中国共产党的领导，是中国特色社会主义理论的重要组成部分。在自觉增强理论自信问题上，坚持中国共产党的领导，既是客观要求，更是本质内涵，二者是辩证统一的。中国特色社会主义道路，是中国共产党领导全国人民成功开辟并不断推进的，如果没有中国共产党的领导，就不可能有中国特色社会主义，更谈不上中国特色社会主义理论体系。坚持党的领导，是中国特色社会主义的本质特征，也是中国特色社会主义理论的重要内容，这既是现实逻辑，更是理论逻辑。"中国特色社会主义特就特在其道路、理论体系、制度上，特就特在其实现途径、行动指南、根本保障的内在联系上，特就特在这三者统一于中国特色社会主义伟大实践上。"①中国共产党统筹规划、谋篇布局，将当前发展与长远发展、局部利益与整体利益有机结合，将中国特色的道路、理论和制度凝聚为一个整体，在实践中描绘和勾勒社会主义的远大愿景。只有在中国共产党的领导下，中国特色社会主义才能不断与时俱进，也才能不断进行理论创新，自觉增强理论自信。

（三）坚持中国共产党的领导是总揽全局、协调各方坚定理论自信的核心保障

自觉增强理论自信，既要体现在思想武装上，更要体现在推进中国特色社会主义建设事业上。中国共产党的先进性和纯洁性决定了它拥有其他政党和组织不可比拟的政治领导力、思想引领力、群众组织力、社会号召力，它对执政规律、建设规律和社会发展规律的认识都达到了新的高度。自觉增强理论自信，把党的创新理论成果应用到国家建设的方方面面，核心还是要坚持党的领导，把党的领导贯彻到党履行职责的全过程，使党在各级组织中发挥领导核心作用，推动各方面协调行动、增强合力。另外，党在领导中国特色社会主义建设过程中，不断加强理论研究，引导全党、全社会充分认识中国特色社会主义理论的本质特征和先进性、科学性，这既是丰富中国特色社会主义理论体系的实践，也是自觉增强中国特色社会主义理论自信的过程，并为全党进一步深化理论自信提供了强大支撑。

二、坚持问题导向

问题是时代的声音。理论总是在回答和解释现实问题中得到升华，实现理论的创新和发展。中国共产党历经革命、建设和改革的艰苦历程和重重考验，如今跻身为世界上最大的政党，这个大党不仅拥有数量上的绝对优势，而且愈加彰显一个大党的自信与担当。这正是中国共产党坚持运用中国特色社会主义理论，自觉树立问题意识、坚持问题导向，以理论思维在回应现实问题、解决群众关切中得以彰显无产阶级政党的高度自信和自觉担当。坚持问题导向是中国特色社会主义理论创新的内生动力，也是中国共产党自觉增

---

① 习近平.习近平谈治国理政：第1卷［M］.北京：外文出版社，2018：9.

强理论自信的一个重要法宝。

（一）坚持问题导向是马克思主义理论的鲜明特点

马克思曾深刻指出，问题是时代的口号。所谓"问题"实际上按照马克思主义的矛盾论来讲，即是指"矛盾"。哪里有问题，就说明哪里有矛盾，发现了问题即是发现了矛盾，解决问题即是解决了矛盾。问题的产生其根源即是矛盾的存在。深入研究、正确判断矛盾的存在和矛盾的焦点，这是解决问题的必要条件。马克思主义矛盾论认为，世界是由矛盾构成的，人类因解决矛盾而使社会不断前进，因而，矛盾是事物发展的根本动力。同时，矛盾又具有普遍性和特殊性，这就要求在解决矛盾过程中要具体情况具体分析，既要照顾到矛盾的普遍性，又要关照到矛盾的特殊性。马克思主义在解决矛盾中产生，马克思主义的发展也是在解决矛盾中进行的。坚持问题导向从本质上讲就是坚持马克思主义的矛盾论。"哪里有没有解决的矛盾，哪里就有问题。"①问题即是矛盾，新时代推动社会发展，解决社会各种矛盾和问题，始终坚持问题导向，拓展中国特色社会主义发展方案，这既是马克思主义理论的鲜明特质，也是中国特色社会主义理论体系的聚焦点。在解决问题中彰显出理论的现实价值和实践指向。理论越能解决实际问题，也越能体现理论的价值和魅力，越能彰显理论自信。

（二）坚持问题导向是中国共产党自我革命的必然要求

中国共产党一路走来，历经艰辛，其领导地位却始终岿然不动，一个重要的原因就是中国共产党善于自我检视，始终在发现问题、解决问题的强烈问题意识中勇于自我革命。早在革命时期，中国共产党领导人民争取民族独立、人民解放，就始终坚持批评与自我批评，不断发现革命过程中的各种问题，及时纠正"右倾"投降主义和"左倾"冒险主义错误，不满足于革命的阶段性胜利，时时进行自我纠偏、自我完善。执政后，面对社会主义现代化建设，中国共产党仍始终坚持问题导向，实现政党角色转型。1949年西柏坡会议上，毛泽东告诫全党，革命胜利只是万里长征走完了第一步，要去"进

---

① 毛泽东.毛泽东选集：第3卷［M］.北京：人民出版社，1991：839.

京赶考", 今后的路更长更艰苦。他告诫全党不要盲目自大自满, 要有"本领恐慌"的危机意识, 要强化问题导向, 思考中国社会主义革命和建设遇到的前所未有的新问题, 提醒全党要加强理论学习, 在解决问题中实现自我革命, 在自我革命中树立理论的自觉自信。习近平指出: "要有强烈的问题意识, 以重大问题为导向, ……改革是由问题倒逼而产生, 又在不断解决问题中得以深化。"① 中国共产党就是这样从来不满足于已有成绩, 从来不孤芳自赏, 从来不自我标榜, 而是始终在发现问题、把握问题、解决问题中实现自我革命, 坚持问题导向。这是中国共产党永葆生机活力的一个重要因素。

（三）坚持问题导向是中国共产党抵制西方舆论攻击和围堵的现实需要

进入21世纪, 世界政治经济格局和秩序面临深刻调整, 当代经济全球化的困难重重, 英国脱欧、美国接连退出众多国家政治、经济合作组织, 美国一意孤行, 推行贸易保护主义, 导致中美贸易摩擦不断扩大升级, 这些举动说明了什么? 这说明以中国为代表的发展中国家在近年来的发展态势以及取得的发展成就, 对以美国为首的西方国家构成了"威胁", 触动了旧的国际体系和利益分配格局, 致使西方国家按照国强必霸的逻辑, 从国际舆论的层面, 炮制出所谓的"中国威胁论", 妄图抹黑中国, 仍然坚持从"西方中心论"出发, 输出所谓的"普世价值""文化霸权", 固守对发展中国家的"文化优越感"。因而, 只有坚持问题导向, 居安思危, 增强忧患意识, 客观认识西方舆论渗透危机的实质, 向世界展现中国作为一个发展中大国始终秉持的互利共赢发展理念, 才能从容面对西方国家的舆论攻击和围堵, 始终保持理论清醒, 始终保持政治坚定。

新时代对党治国理政提出了更高要求, 这更加需要坚持问题导向、深入实践, 发现问题、洞察实践, 分析问题、探索实践, 总结问题、指导实践, 在解决问题中提升理论思维和价值观念, 为党治国理政提供新鲜的理论滋养, 为党自觉增强理论自信提供精神动力。现实问题催生理论, 理论解决现实问题, 在问题与理论的互动中自觉增强中国共产党的理论自信。

---

① 习近平. 习近平谈治国理政: 第1卷 [M]. 北京: 外文出版社, 2018: 74.

三、坚持人民主体向度

在新中国成立70周年大会上，习近平指出："前进征程上，我们要坚持中国共产党领导，坚持人民主体地位，……不断满足人民对美好生活的向往，不断创造新的历史伟业。"[①]这一论述深刻体现了中国共产党以人民为中心的执政理念和行为准则，始终坚持发展是为了人民、依靠人民、为人民服务。新时代中国共产党自觉增强理论自信也必须坚持以人民为中心，树立自觉增强理论自信是为了人民、依靠人民，同时要为人民服务的核心理念，这是中国共产党不断激发群众创造力、发挥群众力量，推动理论创新、自觉增强理论自信的坚实基础。

（一）坚持党自觉增强理论自信是为了人民

自觉增强理论自信，归根到底是要将这种理论自信转化为行动上的自觉，以坚定的理论自信支撑中国特色社会主义实践的推进，而实践的发展最终是要满足人民的美好生活需要和向往。因而，中国共产党自觉增强理论自信出发点是为了人民，以人民为中心。中国共产党自成立以来就始终不忘初心、牢记使命，树立为人民服务的执政理念，始终把为人民谋幸福、为民族谋复兴作为自己的执政责任和使命担当。特别是党的十八大以来，习近平总书记多次强调，人民对美好生活的向往，就是我们的奋斗目标。党的十九大更是紧跟时代步伐，对新时代社会主要矛盾作出新的重大判断，认识到随着改革开放和各项事业的发展，社会主要矛盾已经发生了转化，新时代要解决的矛盾已不再是"人民群众对物质文化生活的需要同落后的社会生产之间的矛盾"，而是"人民日益增长的美好生活需要和不平衡不充分的发展之间的矛盾"，这一论断，正是以人民为中心，从人民利益出发而作出的，充分展示了中国共产党发展为了人民的执政理念。中国共产党自觉增强理论自信其出发点和最终落脚点都是为了人民。在理论自信中推动理论创新，在理论创新中指导实践创新，归根到底，还是为了满足人民的物质和文化生活的需要，满足广大人民群众的最根本利益。

---

① 习近平.在庆祝中华人民共和国成立70周年大会上的讲话［M］.北京：人民出版社，2019：2.

（二）坚持党自觉增强理论自信要依靠人民

历史唯物史观告诉我们，人民群众是历史的创造者，是真正的英雄。密切联系群众、充分依靠群众既是中国共产党在革命、建设和改革中积累的宝贵经验，也是新时代中国共产党自觉增强理论自信的一条根本准则。早在抗日战争时期，毛泽东同志在《论持久战》中就曾提出"兵民是胜利之本"的著名论断。解放战争时期，华东野战军司令员陈毅更是深情地感慨："淮海战役的胜利，是人民群众用小车推出来的。"新中国成立之后，几代领导人始终注重发挥人民群众积极性，依靠人民群众的艰辛探索和实践智慧，为社会主义建设和发展积聚力量。随着中国特色社会主义进入新时代，习近平强调："坚持人民主体地位，充分调动人民积极性，始终是我们党立于不败之地的强大根基。"①可以说，中国特色社会主义的发展离不开人民的支持和拥护，离不开人民智慧的强大精神动力和人民实践的行动支持。同样，中国共产党理论自信的不断坚定，也要依靠人民。人民答应不答应，人民高兴不高兴，始终是中国共产党以坚定理论自信秉持立党为公、执政为民理念的根本出发点和落脚点。人民的认可是中国共产党坚定前行的伟大力量，也是自觉增强理论自信的强大动力，只有被实践证明、被人民认可的理论，才能在指导中国特色社会主义事业中不断地丰富和发展，才能为中国共产党自觉增强理论自信提供一往无前的不竭动力。

（三）坚持党自觉增强理论自信要服务人民

中国特色社会主义理论要被人民认可，必须在实践当中真正发挥作用，让人民获得看得见、摸得着的物质利益，让人民真正拥有实实在在的幸福感和获得感。这也就意味着，中国共产党自觉增强理论自信最终的落脚点也是要在坚定的理论自信中去服务人民，满足人民的物质需求和对美好生活的向往。正如习近平总书记指出："让老百姓过上好日子是我们一切工作的出发点

---

① 中共中央宣传部.习近平新时代中国特色社会主义思想学习纲要［M］.北京：学习出版社，2019：42.

和落脚点。"①检验中国共产党自觉增强理论自信的成效，最终都要看理论满足人民需要的程度，要看理论转化实践、指导实践的程度，是否真正让百姓受益，是否真正改善人民生活，是否真正实现发展成果为人民所共享。正如新冠疫情防控，中国共产党正是坚持服务人民，想群众所想，急群众所急，切实解决群众关心、关注的切身利益问题，在心系百姓、情系人民、问计人民、服务人民中彰显出中国特色社会主义理论自信和制度优势。服务人民，实现全体人民共同富裕，这既是中国共产党自觉增强理论自信的归宿，也理应成为中国共产党自觉增强理论自信的目标指向。

第二节　中国共产党增强理论自信的要求

新时代，中国共产党自觉增强理论自信要把握好以下三点要求：一是要将增强理论自信与解决现实问题相结合；二是要将增强理论自信与马克思主义的中国化、时代化和大众化相结合；三是要将增强理论自信与立足中国、面向世界、面向现代化、面向未来相结合。

一、要与解决现实问题相结合

空谈误国，实干兴邦。理论的真理性和科学性不是空谈而来的，而是在指导实践的成功中得到验证和认可的，再科学的理论都需要通过实践检验来实现和验证它的价值，中国共产党的理论自信也必须在对现实问题的回应当中才能得以彰显和坚定。因而，必须将自觉增强理论自信与解决现实问题相结合，在解决问题中彰显理论价值，坚定理论自信。

回首历史，中国共产党坚持以马克思主义为指导，带领中国人民为解决民族独立、人民解放的现实问题，一枪一弹地打下了新中国的红色江山；新中国成立之后，中国共产党坚持以中国特色社会主义理论为指导，带领广大人民群众为解决民族振兴、人民幸福的现实问题，一砖一瓦地建造起了中国特色社会主义的宏伟大厦。而今，进入新时代，中国共产党的理论自信更要

---

① 中共中央宣传部．习近平新时代中国特色社会主义思想学习纲要［M］．北京：学习出版社，2019：157.

在实现民族复兴的伟大征程中去自觉增强，不断坚定。可以说，在党成立以来100多年的奋斗历程中，无论是干革命、搞建设，还是抓改革、促发展，中国共产党人都始终坚持将自觉增强理论自信与解决现实问题相结合，围绕时代主题进行理论思考，不断推进理论创新、增强理论自信。在中国革命、建设和改革的过程中，无不体现出理论解决实践、理论指导实践的重要作用，也正是在解决实践问题的过程中不断地推动了理论的自我完善、发展和创新，彰显出理论的巨大魅力和能动价值。理论创新立足于中国现实问题，为解决中国人民在实践中的重大问题提供了理论指导。

中国特色社会主义进入新时代，中国共产党面临的形势和存在的问题更加复杂而严峻，这些问题不会自然解决，形势不会自动改变，这就要求中国共产党必须直面问题，在发现问题、回应问题和解决问题中彰显理论的强大凝聚力和向心力。当前，将增强理论自信与解决现实问题相结合，即是要坚持以习近平新时代中国特色社会主义思想武装全党，统一认识、明确方向、凝聚奋进力量，使科学理论为人民群众所掌握，转化为思想信仰和物质力量，用理论指导解决中国现实问题，以对现实问题的回应促进理论自信的提升；将自觉增强理论自信与解决现实问题相结合，即是要坚持以行动自觉带动理论自觉，以实干兴邦涵养理论自信。实干不是"虚干"，更不是"蛮干"，不能搞劳民伤财的形象工程、面子工程，不能搞沽名钓誉的政绩工程，不能仅凭强烈愿望和一腔热血，不能机械照搬照抄别国经验。要坚持目标导向，将长远目标与眼前利益有机统一起来。要坚持问题导向，将解决现实问题作为出发点和落脚点。要坚持人民导向，将人民群众满意不满意作为评价标准。只有将自觉增强理论自信与解决现实问题相结合，才能充分凝聚全党全国各族人民力量，在解决现实问题中自觉增强理论自信的实践动力。

二、要与马克思主义中国化、时代化、大众化相结合

一种理论、一种主义，要存在和发展下去，必须具备为人们所认可和接受的内在魅力。习近平指出："发展21世纪马克思主义、当代中国马克思主义，必须立足中国、放眼世界，……锲而不舍推进马克思主义中国化、时代

化、大众化，使马克思主义放射出更加灿烂的真理光芒。"①新时代，中国共产党增强理论自信，要与马克思主义中国化、时代化和大众化相结合。

（一）将增强理论自信与马克思主义中国化相结合

中国共产党自成立以来，始终以高度的理论自觉，坚持把马克思主义基本原理与中国实际相结合，使马克思主义适应中国国情、具有中国特色、体现中国特点。历史证明，只有将理论中国化，才能使理论的真理力量成功应用于中国实践，彰显理论的真理性和科学性。从理论上看，理论中国化是推动中国革命、建设、改革和发展的强大思想武器。马克思主义中国化始终坚持问题导向，始终代表人民利益，始终保持与时俱进，不断进行理论创新，为中国实践提供思想指引。从实践上看，马克思主义与中国革命、建设实践相结合，引领中国实现了从"东亚病夫"到站起来的伟大飞跃，充分说明只有社会主义才能救中国；马克思主义中国化与中国改革实践相结合，引领中国实现了从站起来到富起来的伟大飞跃，充分说明只有中国特色社会主义才能发展中国；马克思主义与新时代中国实践相结合，带领中国迎来了从富起来到强起来的伟大飞跃，充分说明只有坚持和发展中国特色社会主义才能实现中华民族伟大复兴。从历史来看，只有把马克思主义与中国实际相结合，中国的革命、建设和改革才能取得成功，反之，就会遭遇挫折，甚至是失败。历史和现实已经充分证明，马克思主义中国化是中国共产党自觉增强理论自信的鲜明特色。

（二）将增强理论自信与马克思主义时代化相结合

理论自信要靠理论的价值和魅力来展现，而理论的价值和魅力有赖于理论的与时俱进和不断创新，这即是马克思主义时代化。新时代中国共产党自觉增强理论自信必须与马克思主义时代化相结合。与时代同脉动，与实践同步伐，与人民同呼吸，持续关注、深入回答时代之间，解决人民提出的时代问题，是马克思主义时代化的根本宗旨。理论的生命力在于创新，马克思主义只有与时俱进，才能审视历史、总结历史，才能观察时代、解读时代、引

---

① 习近平.习近平谈治国理政：第2卷［M］.北京：外文出版社，2017：65.

领时代。马克思主义是开放发展的理论，必须随着时代的变化而变化，在鲜活的丰富实践中开辟马克思主义新境界。回首中国革命、建设和改革史，我们党始终将坚持与发展马克思主义结合起来，在坚持中发展，在发展中坚持，紧跟时代，创新理论。进入新时代，随着中国特色社会主义事业的不断发展，时代又赋予马克思主义以新的实践境遇，新时代的新矛盾和新挑战也赋予马克思主义回答时代之问的新课题，这更加要求要把握好坚持和发展之间的关系，深入开展马克思主义理论研究，使之始终走在时代的前列。可以说，马克思主义时代化是中国共产党自觉增强理论自信的源头活水。

（三）将增强理论自信与马克思主义大众化相结合

理论的实现程度，在一定程度上取决于对理论需要的程度。要使理论在实践中真正发挥作用，关键要看理论能否满足实践需要。这实际上也就是理论的大众化问题。马克思主义理论必须为广大人民群众所了解、掌握和接受，打破理论受众的局限性，才能真正实现大众化。这对于中国共产党这个执政党来说，进行理论宣传教育是一项非常重要的工作，历来十分重视。开展理论学习、做好理论宣传、加强理论武装一以贯之于党的革命、建设和改革开放的历史进程中。中国共产党100多年来能够团结广大群众齐心协力、干事创业，能够形成强大的凝聚力和号召力，正是源于马克思主义大众化所形成的全社会共同的思想基础。进入新时代，马克思主义大众化也面临新问题和新要求。要紧密结合实际，采取有效措施，进一步加强理论宣传教育，将基本原理的学习同中国化理论成果的学习相结合，用当代中国的马克思主义武装头脑，引领广大群众实践，使全社会的马克思主义理论素养进一步得到提高，更好发挥理论指导实践的作用。实践证明，马克思主义大众化是中国共产党增强理论自信的力量源泉。

三、要与立足中国及面向世界相结合

中国特色社会主义事业是在立足中国实际，面向世界、面向现代化、面向未来中展开的。指导这一事业的理论也必将结合中国实际，融入世界发展潮流。在立足中国、面向世界、面向现代化、面向未来中自觉增强理论自信。

（一）中国共产党增强理论自信要立足中国实际

习近平指出，"新中国成立以来特别是改革开放以来，中国发生了深刻变革，置身这一历史巨变之中的中国人更有资格、更有能力揭示这其中所蕴含的历史经验和发展规律，为发展马克思主义作出中国的原创性贡献"①。中国共产党要有这样的理论自觉，更要有这样的理论自信。要立足中国实际，特别是立足中国已取得的伟大成就去感知理论的科学真理性和强大的理论指导力。中国共产党执政70多年来，在坚持马克思主义指导地位中，坚决打破了西方理论和外来经验的教条迷信；建立了独特的话语体系和自主性的理论标准；在弘扬优秀传统文化和借鉴国外优秀文化中不断融通创新；建构了社会主义本质论、社会主义初级阶段论、社会主义市场经济理论、人类命运共同体等重大理论，形成了中国特色社会主义理论体系。这些具有严密理论逻辑和深刻思想内涵的重大理论成就都是立足中国实际，为解决中国问题而在中国实践中形成的，中国共产党的理论自信在立足中国实际中得以彰显，也必然在结合中国实际中得以增强。

（二）中国共产党增强理论自信要面向世界面向现代化

中国共产党要在面向世界面向现代化中自觉增强理论自信，要做到以下几点。

一是要在世界范围的比较优势中增强理论自信。中国特色社会主义理论体系与马克思列宁主义、毛泽东思想一脉相承，继承了马克思主义的科学性，它来自人民又依靠人民、服务于人民，具有鲜明的人民性，而其与时俱进，随实践的发展而发展使其更具开放性。这一理论体系的科学性、人民性和开放性，在世界范围内所产生的影响力都是有目共睹的，迄今为止还没有一种理论能达到这种高度。

二是要在中国理论的世界贡献中增强理论自信。中国特色社会主义理论自信的背后是中国五千年的文明对世界的贡献，五千年的文明蕴含着中华民族最深层次的精神追求，蕴含着最简单而强烈的和平与发展理念，倡导世界

---

① 习近平.习近平谈治国理政：第2卷［M］.北京：外文出版社，2017：66.

各国人民携手向前共同面对人类困难和挑战的人类命运共同体思想，为解决世界难题贡献了中国智慧和中国方案，这增强了我们坚定理论自信的厚重基础与实践积淀。

三是要在世界社会主义运动的发展中增强理论自信。中国特色社会主义的成功实践向全世界印证了社会主义道路的可行性，以成功的现代化建设实践为社会主义"正名"，宣告了"历史终结论"的终结，推动了世界社会主义运动的新发展。

四是要在世界现代化发展进程中增强中国特色社会主义的理论自信。中国作为一个后发国家，在启动现代化的进程中晚于西方资本主义国家，然而，中国在实现现代化的道路上却以资本主义国家不可企及的速度而为世界所惊叹，在一些关键领域和核心技术上实现了自主创新，在某些行业的现代化水平上已超过西方资本主义国家。中国通往现代化的道路，是一条以理论生成—实践检验—理论变革—实践深化为主线的发展之路，实践检验推动理论变革，理论变革推动实践深化，实践的成功彰显理论价值、理论魅力和理论自信。

（三）中国共产党增强理论自信要面向未来

立足新时代，面向未来，增强理论自信，需要进一步坚定共产主义理想，这是中国共产党坚定理论自信的内生动力。要回到我们的本源上去认识，我们依据共产主义和社会主义理想确立了中国特色社会主义道路、理论、制度，这样整个逻辑才成立。如果前提都不要了，就完全变成了实用主义。共产主义的崇高理想是中国共产党坚守初心使命的最终奋斗目标，面向未来，坚定共产主义理想，才能使党的理论自信更具宏伟蓝图和远大前景。历史的车轮一刻也没有停止，中国共产党追逐共产主义理想的脚步也从来没有停歇，历史不会终结，中国共产党追逐远大理想的步伐也不会止步。中国特色社会主义进入新时代，这一重大政治判断，就是中国共产党在新时代坚定共产主义的深刻表达，它意味着中国特色社会主义始终与时代同步实现创新发展，意味着中国为发展中国家的发展提供了全新方案和发展路径，意味着科学社会主义必将在中国焕发出勃勃生机与活力。我们不仅要在理论上阐释共产主义远大理想和中国特色社会主义共同理想的关系，而且要在实践中以中国特色社会主义的发展推进实现共产主义的进程，始终高扬共产主义的伟大旗帜，始终保持和巩固共产党人的精神优势，坚定中国共产党的理论自信。

第三节　中国共产党增强理论自信的途径

新时代中国共产党自觉增强理论自信，要充分认识理论的科学性、人民性、实践性和发展的开放性，不断加强理论的自我觉察、认同和创新；要加快构建中国特色的哲学社会科学，不断夯实增强理论自信的学理基础；要全面推进增强理论自信的"五位一体"布局，形成理论自信的强大合力。

一、加强理论的自我觉察认同及创新

新时代加强理论的自我觉察和认同，最重要的就是要自觉以习近平新时代中国特色社会主义思想武装头脑，在深入学习新理论中体验理论的科学性、真理性、实践性和开放性，从而形成对理论的认同、认可，进而坚定和自觉增强理论自信。与此同时，要树立问题意识，坚持问题导向，自觉将理论与实践相结合，在回应现实挑战、解决实际问题中不断与时俱进，实现理论创新，这是中国共产党理论自信得以增强的不竭动力。

（一）要利用全媒体融合传播格局加强习近平新时代中国特色社会主义思想教育

随着人类信息革命进程的加速，以互联网为代表的新媒体日益改变着人类的生产方式、生活方式，也影响着信息传播的方式、速率和人们的信息阅读习惯和方式。统计显示，中国互联网络信息中心（China Internet Network Information Center，简称 CNNIC）发布的第43次《中国互联网络发展状况统计报告》显示，截至2019年6月，中国网民规模总数高达8.54亿，其中手机网民占比高达8.47亿。[①]正如习近平总书记强调，"人在哪，宣传思想工作的重点就在哪"，新媒体与传统媒体日益融合的发展趋势，形成了全媒体融合的

---

① 中国互联网络中心.第44次《中国互联网络发展状况统计报告》[EB/OL].中国网信网，2019–08–30.

传播格局，这也为强化习近平新时代中国特色社会主义思想教育，拓展了新的传播空间。利用全媒体的多元化传播优势，开展习近平新时代中国特色社会主义思想教育，将思想教育打造成短小精悍的"微传播"样态，充分利用全媒体整合的图片、文字、图表、动画、视频、音频、VR全景等多种技术手段，大力生产可视化、移动化展现形式的"微精品"，例如，共青团中央制作的《我为中国代言》、求是网制作的《你的马克思已上线》、央视推出的《"平"语近人——习近平总书记用典》等视频栏目，都极大地顺应了大众化、碎片化的需求，活泼生动又接地气的话语表达，进一步提升了理论宣教的亲和力和说服力。

（二）要把准教育群体的分众化加强习近平新时代中国特色社会主义思想教育

习近平新时代中国特色社会主义思想教育，关键就在于分众化，即通过实地调查研究和大数据技术手段，对不同群体、不同地域、不同民族、不同阶层群众的认知层次和利益需求的精准分析，把准不同群体的理论需求，制定相应的教育策划和实施计划，对新思想进行精细化教育和解读。例如，对于青少年群体，他们处于价值观形成的重要时期，如何在青少年成长的"拔节孕穗期"做好思想引导，助力青年价值观的培育和形成？在中共中央、国务院印发的《中国教育现代化2035》中，明确将"学习习近平新时代中国特色社会主义思想"列为面向教育现代化的十大战略任务之首，教育青少年扣好人生第一粒扣子，就必须注重不同阶段青少年的认知能力和思想实际，从顶层设计的高度，以整体性、系统性的思维，在大中小学循序渐进地开设思想政治理论课，特别是在高校大学生中，要注重发挥思政核心课程立德树人的功能，让新思想进教材、进课堂、进学生头脑，以新思想铸魂育人。再比如，对于广大党员领导干部群体，他们作为新时代中国特色社会主义建设中党员队伍构成中的"关键少数"，肩上的担子更重、责任更大、期望更高，因此，对这一群体强化习近平新时代中国特色社会主义思想教育，要注重真学、真懂、真信，要注重将马克思主义基本原理与新时代中国特色社会主义现代化建设实践重大难题和热点相结合，注重与自己的领导岗位的本职工作相结合，提升党员干部在习近平新时代中国特色社会主义思想教育中学得精、用得好的真本事。

（三）要顺应当代中国马克思主义大众化的时代要求加强习近平新时代中国特色社会主义思想教育

这需要把准马克思主义大众化的本质要求，处理好科学理论与人民大众的关系，从而实现科学理论的掌握和传播由少数人到多数人的转化，实现人民群众从选择、接受、认同并能动参与科学理论创新的转化，主要要做到以下几点：一是要实现教育话语的转型，实现马克思主义大众化传播的语言生动化。语言作为思想的直接现实的表达载体和表达方式，在相当程度上影响着理论宣传的效果。要将新思想的宏大话语体系，转变成与人民群众打成一片的宣传教育话语，就必须躬身向人民群众学习，学习他们的语言和话语风格，从而在习近平新时代中国特色社会主义思想教育中，凸显出"平语近人"的鲜明特色，教育话语要生活化、通俗化、接地气、有生气。二是要强化问题意识，实现马克思主义大众化传播的问题导向化。要坚持问题导向，要有直面问题、回应问题、解答问题的理论勇气，将社会发展和重大民生问题，融入新思想的理论宣传和教育中，从而强化宣传教育的时代感，让人民群众体会到更多的现实感，进一步激发人民群众理论学习的热情、兴趣，提升他们理论思维的深度和广度，在马克思主义大众化的宣传中培养出人民群众的"理论感"，进而达成"理论掌握群众"与"群众掌握理论"的良性互动，提升习近平新时代中国特色社会主义思想教育的实效性。

二、建设中国特色的哲学社会科学

中国共产党自觉增强理论自信作为一项长期而系统的任务，有赖于中国特色哲学社会科学的繁荣发展和有力支撑。总体而言，中国特色哲学社会科学体系的基本结构，一般是由学科体系、学术体系、话语体系构成的，上述三个子结构体系既相对独立，又相互关联。学科体系是学科设置、专业划分和课程体系的集合，学术体系是哲学社会科学的基础和载体，话语体系则是综合表现形式和表达方式。习近平总书记在哲学社会科学工作座谈会上讲话强调，要"不断推进学科体系、学术体系、话语体系建设"①。这不仅为新时代我国哲学社会科学事业的发展指明了方向，也为中国共产党自觉增强理论自信提供了构建学理阐释的基本依据。

（一）建设中国特色哲学社会科学学科体系以提供学科支撑

学科是按照学术性质划分的门类。从人类文化发展史的进程看，学科的设置与划分，标志着人类知识生产进入新的高度，是人类在知识、学理与实践的丛林中不断进行学术探索，迈向建制化、规范化、规律化的重要标志。学科就其功能而言，是学术传承与学术创新的载体和平台，离开了学科建设的支撑，无论是知识系统的形成，还是理论研究的开展，抑或是学科人才的孵化与培育，都将是无源之水、无本之木。在学科体系、学术体系、话语体系建设中，学科体系居于基础和先导地位。面对新时代，建设中国特色哲学社会科学学科体系，为中国共产党增强理论自信提供学科支撑，要将以下三方面作为建设着力点。

一是按照突出专业性、系统性要求，建设中国特色哲学社会科学学科体系。要加强学术道德的价值引领和法治建设。当前，哲学社会科学的学科建设中，存在学术不端、重复研究、粗制滥造、急功近利等突出问题，务必从科学共同体建设、科研工作行业道德规范、法治建设等方面打出组合拳，净化学术风气和学术生态，鼓励学术创新和严谨治学。要开展多学科建设的联合攻关，完善学科布局，创新学科体系。要以改革创新精神和强烈的问题意识，揭示和直面中国经济社会快速发展而现有学科设置不尽合理的矛盾，从哲学社会科学整体性与协作性、基础性与应用性融合的角度，开展哲学社会科学学科建设的顶层设计和中长期发展规划，针对重大理论问题和现实问题，组织跨学科、多学科联合攻关，提升学科建设对学术研究、话语创新、人才培养的基础支撑和联动作用。注重学科建设的创新培育，扶植引导传统学科，激发新的学科优势。对新兴学科和交叉学科进行项目扶持和前期资助，对一

---

① 中央党校中国特色社会主义理论体系研究中心. 在哲学社会科学工作座谈会上的讲话 [M]. 北京：中共中央党校出版社，2016：22.

些濒临失传的"绝学"性质的冷门学科进行学科保护和文化遗产保护。

二是要坚持马克思主义的指导地位不动摇,将其贯穿到中国特色哲学社会科学的学科建设全过程。目前,中国哲学社会科学建设的一些领域中,"边缘化、空泛化、标签化"成为马克思主义的尴尬境遇,一些哲学社会科学工作者认为,马克思主义"已经过时了",还有人提出马克思主义是"舶来品",在中国这样一个文化差异的国度只会"水土不服",导致马克思主义"在一些学科中'失语'、教材中'失踪'、论坛上'失声'"①。因而,必须要加强和改善党对于哲学社会科学工作的领导。对此,一方面,要加强党对哲学社会科学学术研究机构和高等院校的政治领导,将学科建设的主导权和话语权牢牢掌握在政治立场坚定、人格修养过硬、学术功底扎实的马克思主义学者手中。另一方面,要制定科学系统的学科建设标准和学术评价与考核机制,进行长效化、科学化的评估、考察与督查,肃清学科建设中的西化倾向,坚持中国特色哲学社会科学学科建设的社会主义方向。此外,还要加大对学术权力化、学术市场化、学术官僚化的惩治力度,定期对学术期刊的办刊质量和管理水平、对学科专业性质的专业委员进行定期督查与整治,确保马克思主义的指导地位在学科建设中不动摇。

三是要加强马克思主义理论学科建设,将其作为学科建设的重中之重。第一,严把马克思主义理论学科教师队伍的"入口关",对担任马克思主义学科导师的学术资格和任职能力进行集体考察,避免导师和教师队伍的行政化、官僚化。第二,加强学科人才队伍梯队建设。结合院校实际、学科优势,遴选学科带头人,开展专题研究团队和教学团队,加大师资培训和学术交流的支持力度,加强学科建设对教育教学的服务和支撑,优化资源,形成合力。第三,提升马克思主义理论学科人才培养质量。依托具有学科优势和专业优势的本科院校和专业,以马克思主义理论人才互换交流、保研、定向培养等方式,吸引有志于马克思主义理论研究与宣传的本科生、研究生攻读硕士、博士,从整体上提升马克思主义理论学科生源的理论基础和素养,确保人才培养质量。第四,要孵化孕育马克思主义理论高水平研究成果,进一步提升

---

① 习近平.在哲学社会科学工作座谈会上的讲话[M].北京:人民出版社,2016:10.

学科影响力。设立专项研究课题，划拨专项基金，以研究招标、委托研究等方式，进一步跟进当代中国社会重大现实问题和理论问题的研究，切实解决人民群众关注的重大热点问题，发挥马克思主义理论学科在治国理政中的资政育人功能，加强对高校思想政治理论课教学核心课程的服务与支撑，助力高校铸魂育人功能的发挥。

（二）建设中国特色哲学社会科学学术体系以提供学术支撑

学术体系作为思想成果的系统化、理论化、学理化的宏大系统，涵盖了一个国家、民族的思想创造、文化生产和价值追求的优秀成果，成为一个国家、一个民族的精神群像和文化结晶。建设中国特色哲学社会科学学术体系，为中国共产党增强理论自信提供学术支撑，应当从以下三方面进行。

一是要体现为人民服务的民族性。强调民族性，并不是否定要借鉴世界各国文明的优秀成果开展学术体系的建设，而是研究立场和价值取向的问题。这不仅涉及哲学社会科学研究中蕴含的科学性要求，更关系到"为谁研究""研究什么"的主体性和价值性要求。例如，著名社会学家费孝通先生就在"乡土中国"的社会学调查中，立足中国基层传统社会的实际，提出了"乡土社会""差序格局"等重要理论和概念，为中国本土社会学研究贡献了代表性成果。要坚决抵制和批判民族虚无主义的学术研究倾向。汲取中国传统文化士大夫精神的人格精神、文化品格的文化基因，汲取中国传统文化中知识分子"为天地立心，为生民立命，为往圣继绝学，为万世开太平"的精髓，引导、凝聚、鼓舞更多优秀的哲学社会科学工作者，积极投身新时代哲学社会科学学术体系建设，"立德""立言""立功"，坚决抵制打着"公共知识分子"旗号的自由主义知识分子所散布的民族虚无主义思潮的错误言论，要对他们所倡导的资本主义崇拜和资本主义理想基础上的学术研究给予纠偏和有力回击。

二是要体现立足实践的原创性。社会主义是干出来的，建设中国特色的哲学社会科学学术体系，绝不能靠经院哲学概念推演和闭门造车式的逻辑论证来进行。原创性作为中国哲学社会科学学术体系建设的根本要求，突出地体现为对当代中国实践中现实问题的本真关照。这就要求中国特色的哲学社会学术体系不能跟在西方学术体系后面亦步亦趋，也不能套用陈旧滞后的"言必称希腊"的本本主义，而是要回应时代的声音，结合当代中国改革开放中遇到的新问题，挖掘新材料，提出新观点，构建新理论，为哲学社会科学学术体系的原创性研究提供正能量。例如，在马克思主义与中国道路的关系上，面对西方国家的过时论，我们提出了坚持走中国特色社会主义道路；对于当代中国的社会矛盾，我们提出了新时代主要矛盾的重大判断；对于中国先进文化与中华优秀传统文化的关系问题，我们提出要使马克思主义在中国具体化，使其每一表现都带有中国特性；面对全球问题和西方国家主导的"大国平衡论"下的全球治理困境，我们提出了"人类命运共同体"理念和"一带一路"倡议，等等。只有正视中国正处于并将长期处于社会主义初级阶段的基本国情，敢于直面和回应当前我国社会的主要矛盾，才能在学术思想、命题和话语方面，形成原创性的"源头活水"，从而实现真理与价值、合规律性与合目的性的有机统一。

三是要体现美美与共的开放性。随着人类社会进入信息时代，人类生存的地球已经变为你中有我、我中有你的"地球村"，新时代中国哲学社会科学的学术体系建设，要体现美美与共的开放性，必须做到以下两个方面。一方面要树立人类命运共同体的国际视野。新时代面临很多新的全球性问题，例如，恐怖主义、生态破坏、种族冲突、南北分化、认同危机等，这些全球性问题发出的"世界怎么了，人类怎么办"的现实拷问，单靠一国或几国之力已无法解决，迫切需要世界各国集人类文明之智慧和策略，开展学术体系领域内的攻关与协作，才能真正关照人类发展中遭遇的重大公共问题。另一方面，要展现中国的大国责任与大国担当。可以说，中国作为一个负责任的大国，中国共产党作为一个使命型政党，拥有超强的政治动员能力、资源整合能力、理论创新能力和现代化国家治理能力。其在人类命运共同体理念的指引下，在应对和回应国内外重大问题的过程中，汲取了中国悠久历史文化与智慧，借鉴了当代世界先进文化成果，从而形成了兼具"中国特色"和"世界示范"的哲学社会科学学术成果和理论经验，这也为中国加快构建中国特色的哲学社会科学学术体系，以更多更好的优秀学术成果贡献给人类提供了支撑。

（三）建设中国特色哲学社会科学话语体系以提供话语支撑

"统治阶级的思想在每一时代都是占统治地位的思想。"[①] 在新时代加快构建中国特色哲学社会科学的图景下，学术体系的构建有赖于话语体系的支持，二者的关系仿如网之于钮结，这主要与话语体系自身的功能作用密不可分。新时代中国共产党增强理论自信，迫切需要加快中国特色哲学社会科学话语体系建设，为中国共产党理论自信提供话语支撑，主要要做到以下几点。

一是加快建设中国特色哲学社会科学话语体系，要立足于新时代的伟大实践。"为有源头活水来。"中国话语体系的创新与发展，从根本上说，离不开人民群众伟大的实践，实践作为理论创新的动力、源泉和唯一的检验标准，为充实中国话语体系，加快中国话语新理论、新范畴、新思想的生产与创新，提供了丰厚的土壤。例如，在改革开放之初，面对拨乱反正后中国如何加速发展，改革开放总设计师邓小平同志在考虑中国现代化目标时，就借鉴了"大同"与"小康"的概念，提出了"三步走"战略。之后，中国共产党结合中国综合国力和经济社会发展的实践需要，从党的十六大到党的十九大，不断地对"小康"这一话语体系进行完善和更新，从"温饱"到"小康"，从"小康"到"全面小康"，从"全面建设小康社会"到"全面建成小康社会"，"小康"衍生出来的"小康不小康，关键看老乡""没有全民健康，就没有全面小康"等一系列话语，激发了全党上下和全国各族人民的信心斗志，为党带领全国各族人民全面建成小康社会发挥了价值导航和目标导航的功能。

二是加快建设中国特色哲学社会科学话语体系，要实现中华优秀传统文化的创造性转化与创新性发展。这一要求，不仅适用于传统文化的传承与改造，更理应发挥中华优秀传统文化"古为今用"的当代话语价值，在读懂原典、尊重原典的基础上，将马克思主义的话语构建与中国传统文化相结合，为加快建设中国特色哲学社会科学话语体系提供能量。例如，中国共产党思想路线的核心"实事求是"命题的提出。对"实事求是"一词的表述，最早源于《汉书·河间献王传》，史学家班固用"修学好古，实事求是"对河间献

---

① 中共中央马克思恩格斯列宁斯大林著作编译局.马克思恩格斯选集：第1卷［M］.北京：人民出版社，2012：178.

王刘德的严谨治学大加称赞。到了唐代，颜师古以"务得事实，每求真是也"为"实事求是"一词做了注解，强调做学问要扎根事实，从中得出真实的结论。1938年，毛泽东在《中国共产党在民族战争中的地位》一文中写道，"共产党员应是实事求是的模范"①。1941年，毛泽东在延安整风期间发表了《改造我们的学习》一文，对"实事求是"的内涵进行了重新阐释，强调实事求是必须把马列主义的基本原理和中国革命的实际运动相结合②。这是以毛泽东为代表的中国共产党人，在马克思主义中国化的探索中，汲取中国传统文化的典故和成语，融入马克思主义中国化理论对话语体系的创造，是对马克思主义的世界观和方法论作出的高度凝练的生动范例。

三是加快建设中国特色哲学社会科学话语体系，要强化新时代话语体系的国际影响力。要提升中国话语在对外交流与宣传中的语言翻译水平。相较于英语为代表的国际语言在全球特别是西方国家的使用率和覆盖率，中国话语体系的国际传播遇到的第一个瓶颈就是翻译的问题。由于中国文化博大精深，加之中文表达方式的特殊性，造成中国话语在翻译时遭遇词不达意的问题，例如，"中国崛起"被一些媒体和学者翻译成"拔地而起"；中国在东海、南海问题上的"韬光养晦"则被翻译成"把自己的实力隐藏，等待时机，给予痛击"；关于习近平新时代中国特色社会主义思想的当代价值表述原文为"引领时代"，翻译则成了"领导时代"，这些翻译问题导致西方政界、媒体和民众的误解误读。因此，必须制定翻译的规范和发布流程，培养既精通外语又具有扎实哲学社会科学功底的国际传播人才，在国际舞台上，发出中国声音，讲好中国故事。要学习西方国家话语传播载体多元化的做法，通过电影、电视、全媒体、交流访学等多种形式，拓展中国特色哲学社会科学话语体系的传播范围和受众群体。

三、推进理论自信"五位一体"布局形成合力

中国共产党自觉增强理论自信，除了要加强理论的觉察和创新，努力构

---

① 毛泽东.毛泽东选集：第2卷［M］.北京：人民出版社，1991：522.
② 毛泽东.毛泽东选集：第3卷［M］.北京：人民出版社，1991：801.

建哲学社会科学之外，最重要的还在于要坚持推进理论自信的"五位一体"布局，从"党的建设、文化自信、理论认同培育、实践支撑和国际影响"中形成增强理论自信的整体合力。

（一）坚持和完善党的领导为中国共产党增强理论自信强基固本

中国共产党是中国特色社会主义事业的领导核心，是自觉增强理论自信的实践主体，党的自身建设好坏直接关系到中国共产党执政的成败，关系到党自觉增强理论自信的自觉性和主动性，只有不断坚持和完善党的领导，确保党始终走在时代前列，成为人民的主心骨和坚强领导核心，才能使中国共产党自身不断强大，无论何时何地，无论面对任何困难和挑战都会为增强党的理论自信强基固本，主要要确保以下几点。

一是确保党始终走在时代前列。100年来，中国共产党从人数只有几十人的小党发展成如今拥有9000多万党员的世界第一大执政党，凭借的重要法宝之一就是创新。延伸一下中国共产党这种独特能力，就是保持自我净化、自我完善、自我革新、自我提高的"四自能力"，"四自能力"能永葆党的生机活力，使党始终走在时代前列，因此要不断提高"四自能力"：第一，提高"自我净化"能力，永葆党的纯洁性。100年来，在党的奋斗历程中，曾遭遇很多挫折，走过一些弯路，出现了一些败类，无视党纪国法，顶风违纪甚至犯罪，背叛了党和人民，污染政治生态，危害党的肌体健康。这样的"毒瘤"不除，党的队伍势必难以长久保持活力和强大战斗力。"治大国如烹小鲜"，永葆党的纯洁性就如确保一个人身体健康一样，需要经常"洗洗澡，治治病"，才能避免"养痈遗患"。第二，提高"自我完善"能力，增强党的执政本领。习近平强调："领导十三亿多人的社会主义大国，我们党既要政治过硬，也要本领高强。"[①]执政本领，就是在执政活动中正确处理各种问题，推进人民赋予的职责使命顺利发展的本领。这是新时代实现伟大目标所迫切需要的基本条件，只有全面增强党的执政本领才能实现中华民族伟大复兴。第三，提高"自我革新"能力，永葆党的先进性。新时代，党仍面临"四大考验""四种危险"，必须进行自我革新，才能在绝境中开辟新天地，要提升党治国理政

---

① 习近平.习近平谈治国理政：第3卷［M］.北京：外文出版社，2020：53.

的能力，应对各种风险挑战。时代在发展，形势在变化，只有突破自我、超越自我，从更广更深更多元的角度思考问题、寻找出路，才能发挥理论先知先觉的作用，降低"摸着石头过河"的风险，才能更有力地贯彻落实各项宏伟战略举措，让目标一一兑现。第四，增强"自我提高"能力，永葆党的生机活力。改革开放40多年来，中国所取得的伟大成就，让全世界惊叹，进而对中国共产党充满好奇和钦佩。是什么原因让中国共产党有如此强大的凝聚力、战斗力和旺盛的生命力？为何中国共产党能始终保持卓越的领导力、执行力和在人民群众中的崇高地位？其中一个重要的原因，就在于中国共产党从一开始就以增强"自我提高"能力要求自己，坚持以学习者、"赶考者"的姿态砥砺奋斗，从而不管在何时何境，都能保持最年轻最有生机的活力。

二是确保党始终成为全国人民的主心骨。中国共产党人的初心使命，就是为人民谋幸福，为民族谋复兴。坚守党的初心和使命，与人民同呼吸、共命运、心连心，在应对国内外各种风险和考验的历史进程中，确保党始终成为全国人民的主心骨。要确保党始终成为全国人民的主心骨，要做到以下几点：第一，把为民思想贯穿到党治国理政的全过程。为民执政、靠民执政体现在党治国理政的各个环节之中。在政治制度设计层面，要坚持党的领导、人民当家作主、依法治国有机统一。在政策制定层面，要坚持以人民为中心，解决好人民最关心最直接最现实的利益问题。政策研究要拓宽听取民意的途径、丰富了解民意的方式。认真对待群众反映强烈的问题，坚决纠正损害群众利益的行为。政策拟定要把尊重民意、汇集民智、凝聚民力、改善民生放在首位。政策评估和方案论证要把有利于提高人民的生活水平，作为总的出发点和检验标准。在政策落实层面，要坚持踏石留印、抓铁有痕，不断增强人民群众的获得感、幸福感、安全感。第二，完善党员、干部联系群众制度。首先要贯彻落实党章。党章第一章在规定党员义务时就提出要"密切联系群众"。在制度设计上让每一个党员都能真正践行密切联系群众的义务，对联系群众的方式、频次和要求等要作出规定。其次，要继承和弘扬好密切联系群众的优良传统和政治优势。最后，巩固和拓展严厉整治"四风"的成果。要及时解决形式主义、官僚主义、干部不担当不作为等人民群众反映强烈的突出问题，以亲民为民、求真务实、公正廉洁的清风正气进一步赢得人民群众的拥护和支持。第三，创新互联网时代群众工作机制。首先，迎接社会高度联通性带来的机遇和挑战。要积极利用互联网了解民情民意，传播正面信息，加强与群众的互联互通。同时，积极应对网络挑战，党员干部要提升互联网工作能力，创新工作机制，积极利用互联网做群众工作。其次，积极利用各种网络平台做群众工作。如微博、微信、抖音、快手以及各大网站等平台，建立健全平台监管机制，制定互联网规则，做好群众工作。最后，要积极应对人民向网民转变的多种挑战。到互联网上做工作，必须重新学习、重新认识今天以网民形态出现的人民群众，不断总结、持续探索"网民工作"的规律，不断创新网络时代群众工作机制。第四，健全联系广泛、服务群众的群团工作体系。要健全党委统一领导群团工作的制度，加强党对群团工作的统一领导，保证各群团发挥好桥梁和纽带作用；要完善群团组织的管理模式，坚持眼睛向下、面向基层，将力量配备、服务资源向基层倾斜，扩大群团组织的工作覆盖面；要促进党政机构同群团组织功能的有效对接，确保群团教育无缝对接，不留空白场域和真空地带，全方位发挥群团作用。

三是确保党始终成为坚强领导核心。坚持党要管党，全面从严治党，必须从根本上解决党内存在的各种问题，要做到以下几点。第一，坚持思想建党。在中华民族伟大复兴的历史征程上，越是任务艰巨繁重，越需要全党同志奋勇当先、实干担当，生命不息、奋斗不止。"欲事立，须是心立"，思想是行动的先导、奋斗的号角。有正确的思想才有正确的行动，有统一的思想才有统一的行动。"掌握思想教育，是团结全党进行伟大政治斗争的中心环节。"[①]党内出现这样那样的问题，根子上还是部分党员、干部的理想信念发生了动摇，世界观、人生观、价值观出现了松动。面对世情、国情、党情的深刻变化，必须用当代中国马克思主义武装头脑，凝心聚力，增进政治认同、思想认同、情感认同，切实做到学、思、用贯通与知、信、行统一。用理想信念和党性教育固本培元、补钙壮骨，着力教育引导全党坚定理想信念，增强"四个自信"。第二，坚持理论强党。理论一经掌握也会变成物质力量，要着力强化理论武装，着眼只争朝夕的学习自觉，坚持理论强党。要把学习贯

---

①　毛泽东.毛泽东选集：第3卷［M］.北京：人民出版社，1991：1094.

彻党的创新理论同学原著、悟原理贯通起来，同党的建设、发展史结合起来，同新时代"四个伟大"的丰富实践联系起来，努力在学懂弄通上下功夫，真正做到往深里走、往心里走、往实里走。要增强学习的自觉性，将学习经济、政治、历史、社会、科技等方面的知识与党的路线方针政策融会贯通。同时，要把握正确学习的方向，培养热爱学习的兴趣，厚植优良的学风建设。第三，坚持制度治党。一方面，要科学建立和完善制度。对已经建立的制度要继续完善，对一些制度空白要查缺补漏，确保权力在制度的框架下运行。制度设计要坚持系统思维、辩证思维和底线思维，要能体现指导性、针对性和操作性。另一方面，要强化制度意识，健全权威高效的制度执行机制，加强对制度执行的监督，要用好制度，让制度落地生根、行稳致远。全面从严治党永远在路上。办好中国的事情，关键在党，关键在党要管党、从严治党。新的历史条件下，我们要更好进行具有许多新的历史特点的伟大斗争，就必须以更大力度加强党的建设，坚定不移推进全面从严治党，切实把党建设好、管理好，确保党始终成为中国特色社会主义事业的坚强领导核心。

（二）汲取文化资源和历史经验为中国共产党增强理论自信提供滋养

新时代中国共产党增强理论自信，要坚持"理论解决"与"实践解决"的辩证统一，在充分汲取中华优秀传统文化资源，积极借鉴近代以来理论解决中国问题的历史经验和教训的基础上，推动理论自信与道路自信、制度自信和文化自信的辩证统一，自觉增强党的理论自信，具体如以下内容。

一是弘扬中华优秀传统文化增强文化自觉自信。要弘扬中华优秀传统文化增强文化自觉自信，要做到以下几点：第一，弘扬中华优秀传统文化必须始终坚持中国共产党的领导。这是由中国共产党在国家中的地位和作用决定的。弘扬中华优秀传统文化是一项艰巨而复杂的系统工程，特别是近代以来中国落后挨打所带来的文化自卑心理，更加剧了弘扬优秀传统文化的艰巨性，如对传统文化遗产的保护和传承，加大宣传和教育力度，加强中外文化交流互鉴，创新文艺创作等，这不仅需要加大经济投入，还要成立相应的国家机构，建立健全法律法规等保障机制，加强政策保障等。显然这些工作都需要中国共产党的坚强领导，依靠政府的推动才能够实现。可以说，用优秀传统文化培育文化自觉自信的性质决定了只有在中国共产党的坚强领导下才更具现实可行性。此外，中国共产党是弘扬中华优秀传统文化增强文化自觉自信的践行者，这在中共几代领导人身上有着鲜明的体现。从毛泽东提出"取其精华、去其糟粕"的传承标准到邓小平提出对文化"钻研、吸收、融化和发展"①，都展现了对中华优秀传统文化的高度自觉和自信。党的十八大以来，习近平尤其重视传统文化，指出"中国共产党人始终是中华优秀传统文化的忠实继承者和弘扬者"②。在"三个自信"的基础上又提出了"文化自信"，强调要把弘扬优秀传统文化同发展现实文化统一起来，在继承中发展，在发展中继承。第二，弘扬中华优秀传统文化必须始终与社会实践相结合。社会实践是孕育优秀文化的土壤。自古以来，文化的传承与发展都离不开对实践的探索，"道法自然、天人合一""仁者爱人、讲信修睦""天下为公、天下大同"都是在探索人与自然、人与社会和谐相处以及推动社会的进步中形成的。新时代背景下，各种思潮此起彼伏，思想文化交融交锋，弘扬传统文化更要注重与社会实践相结合，在解决当今中国问题，回应时代需求和挑战中去弘扬和发展，实现传统文化的现代性转化，成为真正推动中华民族伟大复兴的精神动力。第三，弘扬中华优秀传统文化必须正确处理指导思想与文化传承的关系。要坚持马克思主义的指导地位，实现文化的创造性转化、创新性发展。必须正确处理继承传统与发展创新的关系。既要善于保持传统文化的优秀特质，又要推动文化与时代发展、社会进步相结合，实现文化的创新。必须正确处理不忘本来与吸收外来的关系。"独学而无友，则孤陋而寡闻。"弘扬传统文化既要保持自身独立性又要注意汲取世界文明成果为我所用。

二是借鉴近代以来理论解决中国问题的经验教训。善于总结经验、汲取教训，是中国共产党的优良传统之一，也是中国共产党的成功之道。正如毛泽东所言："善于总结经验，就是领导者的任务。"③新时代，中国共产党更要

① 邓小平 . 邓小平文选：第2卷［M］. 北京：人民出版社，1994：212.

② 习近平 . 在纪念孔子诞辰 2565 周年国际学术研讨会暨国际儒学联合会第五届会员大会开幕会上的讲话［M］. 北京：人民出版社，2014：13.

③ 中共中央文献研究室 . 毛泽东书信选集［M］. 北京：中央文献出版社，2003：196.

前事不忘后事之师，不断总结和借鉴中国近代以来理论解决中国问题的成功经验，汲取近代以来理论解决中国问题的教训，自觉增强党的理论自信，主要做到以下几点：第一，借鉴理论选择的成功经验，坚持以马克思主义为指导。近代以来，中华民族在理论解决中国问题的过程中，进行了一系列艰辛的理论探索，经历了各种失败的惨痛教训，在对各种理论武器的拷择和扬弃中，才最终选择了一种科学的、正确的理论指导——马克思主义。这一理论一经选择，就使得中国的面貌焕然一新。这也充分说明，在理论武器的多样化选择中必须进行拷择和扬弃，必须坚持正确的理论指导，即马克思主义的指导。新时代中国共产党自觉增强理论自信也必须坚定不移地坚持马克思主义，在对马克思主义的中国化、时代化、大众化中，不断进行理论创新，推动理论应用实践、指导实践，彰显理论的价值和力量。第二，在运用正确理论指导中坚持与中国实际相结合。在中国共产党的历史上，曾经出现过试图从马克思主义经典文本中去寻找解决中国具体问题答案的教条主义，如王明的"左"倾教条主义"一次革命论"、陈独秀右倾"二次革命论"，也出现过力图从狭隘的个人实践经验中去寻找解决办法的经验主义，对中国革命和建设事业都造成了严重的危害。无论是教条主义还是经验主义，其本质都是否认马克思主义的中国化。这在建国之后，特别是改革开放以来，突出表现在"西化""苏化""儒化"几种倾向上，对社会主义思想、文化、道德和制度带来了极其严重的危害。因而，借鉴历史经验，新时代中国共产党增强理论自信，必须在运用正确理论指导中坚持与中国实际相结合。第三，在与中国实际相结合的过程中不断进行理论创新。实践发展永无止境，理论创新永无止境。中国共产党人历来重视总结经验、善于总结经验，不断进行理论创新。新时代，中国特色社会主义建设事业还面临着更加深层次的突出问题和矛盾，更加需要中国共产党在实践上大胆探索、在理论上不断突破，这是中国共产党自觉增强理论自信的根本出路。

三是推动理论自信与道路自信、制度自信、文化自信的辩证统一。"四个自信"中道路自信是重要基础，能起到"定向"的作用。理论自信是必要前提，能起到"定心"的作用。制度自信是根本保障，能起到"保障"作用。文化自信在于塑造人的灵魂，能起到"定魂"作用。只有"四个自信"统筹推进，理论自信才能真正坚定而彻底，进而推动新时代中国共产党自觉增强理论自信，具体要做到以下几点：第一，以道路自信支撑理论自信。道路决定方向，道路正确才能明确方向，理论也才更有底气和发展空间。因而，必须坚定道路自信，既不走封闭僵化的老路，也不走改旗易帜的邪路。在探索中国式的现代化道路中，向全世界展现中国特色社会主义的强大内生动力，展现为人类文明发展作出更大贡献的美好前景，展现为世界社会主义运动积聚的更大力量，从而彰显马克思主义特别是科学社会主义的真理魅力。第二，以制度自信夯实理论自信。制度自信为理论自信提供制度保障，没有制度自信，理论自信就会失去制度依托。因而，要不断发挥制度的作用和影响，增强制度认同和制度自信。要从历史选择上认识坚持社会主义制度的必然性；从历史发展上认识建立中国特色社会主义制度的时代必然性；从历史影响上认识中国特色社会主义制度的现实影响力。要增强制度的价值认同，彰显中国特色社会主义制度的价值理念。要增强制度的实践认同，坚持和加强党的全面领导，不断推动制度创新，发挥中国特色社会主义制度的优越性，坚持正确的评判标准，通过制度效能的评判来检验设计制度的理论框架是否合理，以制度自信夯实理论自信。第三，以文化自信筑牢理论自信。新时代增强文化自觉自信，重点是要推动社会主义文化的繁荣兴盛。要坚持价值观自信，大力培育和践行社会主义核心价值观，使之成为全社会的情感认同和行为习惯。核心是加强社会主义意识形态建设，发挥意识形态的强大凝聚力和思想引领力。要加强阵地建设，增强阵地意识，落实意识形态工作责任制，做到守土有责、守土负责、守土尽责。关键是培育良好的文化心态。要克服文化自卑和自大心理，培育健全的国民心态，引导国民客观、理性看待中国的现状，引导国民积极投身全面建设社会主义现代化强国的伟大征程中来。

（三）强化理论教育形成中国共产党增强理论自信的共同语言

增强理论自信要形成理论自信的共同语言，共同语言的形成有赖于理论教育的强化。要强化中国近代史、国史、党史教育，打造正确的历史观、国家观和政党观，强化理想信念教育，培育社会主义核心价值观，具体如下几点。

　　一是强化中国近代史教育打造正确的历史观。新时代中国共产党增强理论自信遇到国内外多元价值观和形形色色社会思潮的负面冲击，要有效化解这些负面思想冲击和侵袭，就必须强化中国近代史教育，全面而系统地了解中国的昨天和前天，打造正确的历史观，为理论自信的增强提供正确的历史观指导，主要要做到以下几点：第一，从方法论而言，要注重培养唯物史观，引导人民群众特别是青年大学生，学会用科学的历史观和方法论认识中国近代史，坚定理论自信。近年来，透过社会热点事件，我们不难看出，中国共产党理论自信的增强，离不开从系统性和整体性的高度，科学认识近现代中国社会发展和革命、建设和改革的历史进程，透过百余年的中国近代史认清社会发展的内在的、本质的、必然的规律，从而使人民群众从理论自觉的高度，深刻认识中国近代史中人民群众作为社会实践主体，在历史进程中如何坚持社会发展合规律性和合目的性相统一，彻底地从理论上回答中国近代史中为什么马克思主义、中国共产党能够成为历史和人民的必然选择，进一步解答中国现代史中，为什么社会主义道路和改革开放能够成为历史和人民的必然选择，进而坚定理论自信。第二，从现实针对性而言，要注重回应社会热点，引导人民群众特别是青年大学生，抵御以历史虚无主义等为代表的社会思潮的负面渗透，坚定理论自信。近年来，随着互联网这一新型传播媒介的兴起，以历史虚无主义等为代表的错误社会思潮的传播一度抬头，这些思潮打着学术研究与历史考证的旗号，利用中国近代史中的一些重大问题，打出了"重读历史"的旗号，向青年群体特别是大学生群体进行重点渗透。例如，"感谢鸦片战争论"彻底否定了帝国主义侵略中国的本质，提出1840年鸦片战争中资本主义国家用坚船利炮将被动落后的古老中国带入了现代世界体系，因此具有开启中国现代化的积极意义。再如，针对近年来"侵华有功论"，不仅对日本首脑参拜靖国神社、否认慰安妇问题、积极扩军备战的军国主义复苏动向视而不见，反被再次重提，一度成为知乎、百度贴吧等网络社交平台讨论的热点，一些网友在跟帖讨论中甚至表示：要感谢侵略，将中国带入了现代化。更有一些"哈日族"，不明民族大义，穿戴日本军装在抗战遗址拍照发至网上，大肆炫耀挑衅，成为民族败类，引发社会极大反响。这些形形色色的错误社会思潮，究其本质，就是要将侵略史改写成文明史，模糊歪曲中国社会主义道路和党的领导。鉴于此，中国近代史教育要强调现实指向，要结合社会热点事件和网络舆情，及时跟进社会思潮所谓的学术性进行本质揭批，用历史事实和深刻学理，引导人民群众认清历史虚无主义等错误社会思潮的险恶用心，坚定理论自信。第三，从实践育人而言，要注重利用爱国主义教育基地开展实践育人，提升中国近代史教育的亲和力、时效性和实效性，坚定理论自信。中国近代史教育的生命力和说服力，不仅存在于历史教科书和理论课堂的理论讲授，更需要通过实践育人平台，将历史教育中的宏大叙事转化成鲜活生动的实践教育，进而提升中国近代史教育的亲和力、时效性和实效性。首先，要结合中国近代史中的重大事件，深入挖掘地方近代史和爱国主义教育资源，开展中国近代史教育。例如，在讲述日本帝国主义侵华战争罪行时，各地可以充分利用本地的近代史教育资源，如南京的侵华日军南京大屠杀遇难同胞纪念馆、沈阳的九·一八历史博物馆、上海的四行仓库抗战纪念馆等，通过生动鲜活的遗址、遗物和英雄事迹，可以更好地还原历史，提升近代史教育中感性认识和理性认识的有机统一。其次，要把握中国近代史中的重大教育契机，利用纪念日、宣传日等时间节点，开展中国近代史教育。例如，纪念1931年九·一八事变的鸣笛警示，每年12月13日国家公祭日悼念南京大屠杀死难者的国家公祭仪式，都是提升中国近代史教育时效性的重要教育契机。第四，要注重中国近代史教育的实效性。中国近代史教育是实践教育与理论教育的结合，是爱国主义教育和民族精神教育的统一。在近代史教育中，要关注不同群体、不同阶层的需求差异，精心设计教育主题，避免走马观花、拍照留念的形式主义，尽可能采取现场实地教学、研究型学习等方式，加强中国近代史教育实践育人的理论深度和感召力，提升教育的实效性。

二是强化国史和党史教育形成正确的国家观、政党观。习近平总书记强调："要认真学习党史、国史，知史爱党，知史爱国[①]。"中国共产党自觉增强理论自信的有效载体之一，就是将学习历史作为开展学习的一项重要任务，利用历史教育的以古鉴今作用，发挥历史教育资政育人功能，不断提升党治

① 习近平. 在中央党校建校80周年庆祝大会暨2013年春季学期开学典礼上的讲话［M］. 北京：人民出版社，2013：8.

国理政的能力。新时代中国共产党增强理论自信，更要不断强化国史和党史教育，引导和教育广大党员和人民群众，形成正确的国家观、政党观，坚定理论自信，具体要做到以下几点：第一，要注重教育引导广大党员和人民群众知史爱党、知史爱国。新时代中国共产党自觉增强理论自信的来源，离不开对广大党员和人民群众的党史和国史教育，这一教育宣传的根本在于，阐明没有共产党就没有新中国。要以理论的彻底性说明，在中国近现代救亡图存、实现中华民族伟大复兴的历史进程中，经过比较和鉴别，经过实践检验，历史和人民选择了马克思主义、选择了中国共产党。在中国共产党的领导下，取得革命的成功，实现了从"站起来""富起来"，继而向"强起来"转变的伟大转折。要教育人民群众认识到，中国共产党和中国人民的理论自信，扎根于中国共产党百年波澜壮阔的历史，扎根于中华人民共和国成立70多年的历史，扎根于改革开放40多年的历史。这是新时代中国共产党增强理论自信最生动的教材。第二，要注重教育引导广大党员和人民群众知史明智、知史担责。自中国共产党成立之日起，中国革命的面貌从此焕然一新。习近平总书记将中国革命历史比喻为"最好的营养剂"。新时代，强化国史、党史教育，要结合"不忘初心、牢记使命"主题教育，引导共产党员学习党史和新中国史，从人类解放的历史使命和无产阶级建党原则中，认识中国共产党的政党使命、政治追求和人类社会发展的历史规律，进而坚定理论自信；要结合中国共产党成立100多年、新中国成立70多年和中国改革开放40多年的历史，引导广大党员和人民群众认识中国从站起来、富起来进而到强起来的崛起过程和历史必然，进而坚定理论自信；要从新时代中国崛起，建设人类命运共同体的历史图景中，进一步认清中国日益走近世界舞台中央的现实，了解中国为人类美好愿景作出的诸多实践贡献，进而坚定理论自信。第三，要注重教育引导广大党员和人民群众以史为鉴、资政育人。要结合党史国史，将"中国共产党为什么能""中国特色社会主义为什么行"这一根本问题讲清楚。阐明中国共产党作为领导核心，肩负着领导中华民族复兴使命，是领导多党合作和政治协商，建设中国特色协商民主的执政党，能够发挥社会主义制度"集中力量办大事"的制度优势，这是中国共产党相比于其他国家政党而言所具有的不可比拟的先进性、政治资源和执政优势；要结合党史国史，坚决抵制和批判历史虚无主义、新自由主义等社会思潮的负面侵袭。例如，新自由主义思潮鼓吹的"完全市场化"，历史虚无主义的抹黑英雄、"重评历史"以及声称改革开放是"历史倒退"的误导，西方宪政民主"普世价值"的侵袭等。要压制错误思潮和敌对势力造谣惑众的生存空间，强化党在意识形态领域的领导权、主动权和话语权，强化党员和群众对党的执政认同和国体政体的合法性认同，坚定理论自信。

三是强化理想信念教育巩固社会主义核心价值观。自觉增强理论自信，一个根本前提就是坚持马克思主义在意识形态领域指导地位不动摇。其中重要的体现就是，在理想信念教育和社会主义核心价值观教育上是否做得扎实有效，主要要做到以下几点：第一，要从抵御西化渗透的战略高度，强化理想信念教育，巩固社会主义核心价值观。20世纪90年代东欧剧变后，社会主义仍处于相对弱势的地位。西方国家日益将价值观输出作为消解社会主义国家意识形态的糖衣炮弹，并借助互联网布局和语言、服务器设置等方面的技术垄断，加强了对中国和平演变战略的实施，其用意在于消解共产主义理想信念，以所谓的民主、人权、自由等"普世价值"取代社会主义核心价值观。这致使一部分党员和群众共产主义理想信念动摇，价值判断标准迷茫。在西化渗透的这场没有硝烟的战役中，要结合东欧剧变的惨痛教训，深刻认识习近平总书记强调的中国特色社会主义是社会主义而不是什么其他主义，更不是"资本社会主义"和"国家资本主义"[①]，教育广大党员和群众，抵御唱衰中国的"中国崩溃论"，坚定理论自信。第二，要从抵御物化消解的战略高度，强化理想信念教育，巩固核心价值观。由于社会主义初级阶段的长期性、复杂性和艰巨性，非公有制经济中资本剥削等负面影响仍然存在，拜金主义、享乐主义、消费主义在一些党员和群众中盛行，理想信念遭到冲击，社会核心价值遭遇物化畸变的挑战，本属于精神文明建设的理想信念教育和社会主义核心价值观教育遭遇金钱至上、唯经济论的物化挑战。为此，在理论自信培育的过程中，要结合拜金主义、享乐主义、消费主义等思潮的实质，引导广大党员树牢共产主义远大理想，将能否为人民服务作为批评和自我批评的

① 习近平.关于坚持和发展中国特色社会主义的几个问题［J］.思想政治工作研究，2019（5）：15–19.

标准，开展自查自省和组织生活，严肃党内法治教育和理想信念教育。第三，要从中国处于社会主义初级阶段这一最大国情的理论自觉，强化理想信念教育，巩固社会主义核心价值观。从中国社会主义革命、建设和改革开放的实践看，中国的社会主义并不是脱胎于资本主义充分发展的基础上，而是越过了资本主义发展的"卡夫丁峡谷"，脱胎于半殖民地半封建的落后的旧中国。这既是我们进行社会主义革命的历史基础，也是我们进行社会主义建设的现实挑战。因此，从所有制结构、社会生产目的、社会的经济运行而言，社会主义还是"不大合格"的，还需要进行完善和发展，这也是恩格斯强调的社会主义是"经常变化和改革的"发展写照。特别是进入21世纪，全球金融危机引发新一轮经济周期动荡，生态问题、恐怖主义、贸易保护主义等问题此起彼伏，西方国家主导下的旧的国际政治经济秩序仍在持续，这些内外因素都对中国社会主义现代化建设造成了更多现代性的复杂挑战，也造成一些党员和群众对共产主义前途信心不足，理想动摇，或是希望一下子、两下子就进入共产主义，或是认为共产主义虚无缥缈，可望而不可即。基于此，中国共产党自觉增强理论自信，要从中国处于社会主义初级阶段这一最大国情的理论自觉出发，引导广大党员和群众认清中国社会主义初级阶段的长期性、艰巨性和复杂性，将最低纲领和最高纲领有机统一起来，鼓舞激励一代又一代人，以共产主义理想信念为指引，以社会主义核心价值观为价值准则，爱岗敬业、踏实肯干，朝着共产主义理想目标而努力奋斗。

（四）推进治国理政实践为中国共产党增强理论自信提供实践支撑

实践是检验真理的唯一标准。"理论由实践赋予活力，由实践来修正，也由实践来检验。"[①] 理论正确与否，能否起到指导作用，要靠实践的成功来检验，理论自信也要靠实践的成功来彰显。改革开放40多年的成功实践，已经印证了理论的科学性。改革实践越发展，就会愈加彰显理论的内在魅力，就愈加坚定中国共产党的理论自信。新时代中国共产党自觉增强理论自信，也必须立足中国实践，在推进改革、依法治国和从严治党中为中国共产党自觉

---

① 中共中央马克思恩格斯列宁斯大林著作编译局.列宁选集：第3卷［M］.北京：人民出版社，2012：381.

增强理论自信提供强大的实践支撑，具体要做到以下几点。

一是推进全面深化改革取得新进展。改革是实现发展的强大动力，是当今中国最显著标识。习近平指出："改革开放是决定当代中国命运的关键一招，也是决定实现'两个一百年'奋斗目标、实现中华民族伟大复兴的关键一招。"[①]改革既是驱动力，又是凝聚力；既是方法路径，又是精神状态。改革成就彰显出社会发展活力、党的执政能力、社会主义的生机和活力，更彰显出理论指导的内在能动魅力。新时代全面深化改革，既是要通过改革来破除束缚主体活力的各种体制机制障碍，将改革的重要领域和关键环节向纵深层次推进，推动改革系统集成、协同高效，使新时代全面深化改革取得新进展，主要要做到以下几点：第一，要打好深化改革"组合拳"，使全面深化改革落地生根。全面深化改革是一个系统工程，涉及社会经济发展的各个领域和环节，这需要统筹规划好各层次、各要素和各环节，以此形成全面深化改革各环节的良性互动，协调高效。既要加强顶层设计，又要注重分级落实；既要注重宏观思考，又要聚焦微观治理；既要鼓励大胆突破，又要注重实践成效。总而言之要在各项改革举措上统筹协调，相互促进，全力打好深化改革"组合拳"。第二，要以制度建设为主线，使全面深化改革扎实推进。制度建设是全面深化改革的重要保障。从改革开放之初的家庭联产承包责任制到设立经济特区再到完善社会主义市场经济体制，改革开放的每一个环节都贯穿于制度建设之中，全面深化改革的系统工程更需要完备的制度建设来保驾护航。以十九届四中全会为契机，要进一步加强制度建设，完善治理体系和治理能力，在全面深化改革中树立制度意识，建立制度规范，保障制度运行，以制度推动改革实践，以改革实践促进制度的成熟定型。第三，要注重系统性、整体性、协同性，使全面深化改革协同高效。随着改革不断深入，各项改革关联性和互动性进一步增强。这就需要加强改革的系统性，凡是涉及牵一发而动全身的各项重大改革都要统筹考虑，协调布局，加强对改革的通盘设计，全面考量，这样才能保证改革真正取得实效，达到良好的综合效应。新时代全面深化改革，还要注重整体性。要在整体上加强政策协调，协调好改革各

---

① 习近平.习近平谈治国理政：第1卷［M］.北京：外文出版社，2018：71.

要素之间的关系，加强与之相关的配套政策的制定和落实，汇聚各方力量实现整体协同推进，确保改革向纵深发展，取得良好成效。改革进入攻坚期，问题错综复杂，矛盾千头万绪，这就更要把握不同领域改革的特点，要因地制宜，精准施策，不能"一刀切"，一个标准，要将改革方案的出台、落实方案的督促机制、检验改革成效的办法协调起来，注重目标、政策和效果集成，在注重系统性、整体性和协同性中，保持改革的动态协调，协同高效。总之，全面深化改革是一个系统工程，需要各方面统筹协调，协同推进，发挥党总揽全局、协调各方的核心作用，坚持问题导向、创新驱动的动力协同机制，汇聚上下同心、协力共进的磅礴改革合力，不断推进全面深化改革取得新进展，切实为中国共产党自觉增强理论自信提供实践支撑。

二是推进全面依法治国取得新成效。法律规范的完善和实施是中国共产党人治国理政的利器。依法治国是法律规范得以实现、社会发展合力功能得以彰显的基本保证。推进全面依法治国为形成社会发展合力提供了法治保障。新时代推进全面依法治国取得新成效，必须注重全面依法治国的系统推进、协同推进和有效推进，具体如下几点：第一，系统推进全面依法治国取得新成效。全面依法治国是一个伟大的系统工程，必须加强全面依法治国的系统推进。具体而言，首先要加强整体的系统推进，这是保障全面依法治国中全面的基础。其次要加强各个分系统的推进，如立法、执法、司法、守法等系统的推进，这是保障全面依法治国落实的重要环节。最后要加强各个分系统的构成要件的系统推进。其中，第一层次的整体系统推进是全面依法治国首要强调的，而第二层次即分系统的推进和第三层次分系统构成要件的推进则是整体系统推进的助推动力。其中第二层次中的四个分系统（科学立法子系统、严格执法子系统、公正司法子系统、全民守法子系统）推进起着承上启下的关键作用。四个子系统既相对独立又彼此联系，要加强四个子系统的相互协同、彼此互动，以此来促进全面推进依法治国的整体系统推进。第二，协同推进全面依法治国取得新成效。全面依法治国涉及各个领域、各个方面，是一个需要全面协调的系统工程。这正如事物发展规律一样，同一事物内部的各个方面往往不会齐头并进、同步发展，而是会呈现出不同步、不平衡的发展态势。深化全面依法治国，其各个环节也不同程度地体现出这种不同步和不平衡。这就出现了全面依法治国的协同性要求和现实中难以具有协同性的矛盾和冲突，如何解决这一矛盾和冲突，就需要在全面依法治国实践中实现系统推进、统筹协调，要综合考虑多种因素，统筹兼顾各个环节，从不同方面、不同角度多向发力，来实现党的领导、人民当家作主、依法治国的有机统一，实现依法治国、执政和行政的协调推进，实现法治国家、政府和社会的一体建设。第三，有效推进全面依法治国取得新成效。有效性是全面依法治国的必然要求。没有有效性就不可能实现全面性，全面推进依法治国也就无从谈起。有效推进全面依法治国必须抓住关键因素，确保关键因素作用的有效发挥，取得实效。为此，各级党的组织必须自觉守法。全面依法治国，关键在党，党的工作依靠组织来展开，因而，必须推进各级党组织严格依法办事，确保各级组织在法治框架下运行；各级领导干部必须带头守法，发挥党员干部的引领示范作用；必须实施切实有效的制约监督，避免权力滥用，保障法治成效；必须发展完善民主政治，为全面依法治国提供最强大的政治基础和最伟大的政治力量。

三是推进全面从严治党取得新进步。办好中国的事情，关键在党。党的自身建设如何，关系到新时代的使命能否完成、布局能否落实、部署能否实现，关系到党的自身的发展和完善，更关系到党的理论自信的自觉提升和坚定。新时代要紧紧围绕"六个统一"，来实现党的建设现代化，不断推进全面从严治党取得新进步，"六个统一"具体为：第一，要坚持思想建党和制度治党相统一。"思想建党是制度治党的前提和基础，它影响、规定着制度建设的性质和方向。"①制度治党是可靠保障，只有在制度治党框架内才能使思想建党的成果得以巩固和扩展。没有思想的指导，制度设计就会失去方向，而脱离了制度规范，思想也会变成空洞的说教。二者相辅相成，协调统一，犹如车之两轮、鸟之两翼，必须坚持思想建党和制度治党的有机统一，才能形成合力效应，为全面推动党的建设提供不竭动力。第二，要坚持使命引领和问题导向相统一。"坚持党要管党、从严治党，切实解决自身存在的突出问题，切实改进工作作风，密切联系群众，使我们党始终成为中国特色社会主义事业

---

① 姚桓.新时期党建研究论集［M］.北京：人民出版社，2017：510.

的坚强领导核心。"①使命引领是全面从严治党的最终目标，问题导向是全面从严治党的实践指向，坚持使命引领与问题导向相结合，就要在解决问题中担当时代使命，在使命引领下解决现实问题。中国共产党人只有坚持马克思主义的问题意识和导向，既要"仰望星空"以使命引领全面从严治党，又要"脚踏实地"，回应和直面全面从严治党中的各种问题，坚持二者的有机统一，才能不断提高党的执政能力和水平，早日完成民族复兴的历史重任。第三，要坚持抓"关键少数"和管"绝大多数"相统一。党要管党，既管党员又要管干部。这里明确了从严治党的"关键少数"和"绝大多数"。党的各级领导干部是"关键少数"，他们承担领导责任，发挥示范引领作用，必须抓好"关键少数"，使其发挥表率作用。同时，还要实现对广大党员这一"绝大多数"的全覆盖，全面从严治党最终要实现的是全面，因而，必须对广大党员这一"绝大多数"普遍提出要求，让每一名党员成长成熟，才能最终形成党内健康的政治生态。要严格党员日常教育和管理，使广大党员平常时候看得出来、关键时刻站得出来、危急关头豁得出来，充分发挥先锋模范作用。第四，要坚持行使权力和担当责任相统一。党员干部要始终牢记为民服务，权力来自人民，也要用于人民，要充分行使手中的权力来为人民服务，牢牢坚持权责一致原则，既敢于作为又善于担当。第五，要坚持严格管理和关心、信任相统一。既要关心、信任党员干部，激发党员干部干事创业的积极性和主动性，又要对党员干部进行严格管理，防微杜渐，防患于未然，保护党员干部的健康成长。第六，要坚持党内监督和群众监督相统一。"人民群众中蕴藏着治国理政、管党治党的智慧和力量，从严治党必须依靠人民。"②在推进全面从严治党中，要注意发挥党内党外监督的整体合力，以党内监督带动群众监督，同时以群众监督强化党内监督，共同致力于风清气正政治生态的形成。

（五）加强交流互鉴扩大中国共产党增强理论自信的国际影响

"文明交流互鉴是推动人类文明进步和世界和平发展的重要动力。"③文明

① 习近平.习近平谈治国理政：第1卷［M］.北京：外文出版社，2018：4.

② 中共中央文献研究室.十八大以来重要文献选编：中［M］.北京：中央文献出版社，2016：101.

③ 习近平.习近平谈治国理政：第1卷［M］.北京：外文出版社，2018：258.

因交流而多彩，因互鉴而丰富，加强文明交流互鉴，不断深化国际比较和全球视野中的中国理论研究，不断推进"融通中外"的话语创新，不断加强新思想的海外传播，破除西方话语霸权，在文明交流互鉴中扩大中国共产党自觉增强理论自信的国际影响，这是彰显中国理论魅力、坚定中国理论自信的外在动力，具体要做到以下几点。

一是深化国际比较和全球视野中的中国理论研究。增强理论自信，需要多维审视和比较，既要纵向检视历史，又要横向比较全球。在多维比较中观察和研究中国理论创造的中国奇迹、提供的中国方案，才能深入了解中国理论的真理魅力和实践威力，也才更有理由、有底气笃信中国理论，坚定前行，因此要做到以下几点：第一，要在经济全球化的视野中深化中国理论研究。从学理上来看，中国特色社会主义与经济全球化二者之间是紧密联系、相伴相生的，是一种共生共长的关系。中国特色社会主义的发展是在经济全球化的大背景下进行的，经济全球化为中国特色社会主义的发展提供了平台。从某种意义上来讲，中国特色社会主义的发展，是一个从受经济全球化规律支配的必然王国走向认识经济全球化规律和能动地把握经济全球化规律的历史进程。① 因而，必须在经济全球化视野中去深化中国理论研究，探究全球化与中国特色社会主义的关系、中国特色社会主义融入经济全球化的历史过程、全球化语境下中国特色社会主义面临的境遇以及应对方案和路径等，在全球化视野下深入挖掘理论的显著优势和世界意义，从而自觉增强理论自信的国际影响力。第二，要在国际比较中深化中国理论研究。有比较才有鉴别，必须在国际比较中深入探究理论优势，彰显理论魅力。首先，在国际比较中深入探究中国理论形成和发展的历史规律，深刻揭示党领导人民进行革命、建设和改革过程中的理论探索、理论选择和理论创新规律，真正讲清楚、弄明白为什么要坚持中国特色社会主义理论而不是别的什么理论的根本原因。其次，在国际比较中深入探究中国理论的世界贡献。特别是要深入探究在解决人类面临的共同问题上，中国理论与他国治国理政理论的交流互鉴所展示出的比较优势，深刻揭示中国理论为解决人类重大问题所作出的贡献。最后，

---

① 徐艳玲 . 以全球事业考量中国特色社会主义自信［N］. 中国教育报，2019-12-12（5）.

在国际比较中深入探究中国实践的国际影响。要在中国发展成就的基础上，深入探究国际社会对中国实践成功的理论解读，在国际社会解读中国理论中探究中国理论的国际影响力和现实传播力。第三，要在世界社会主义运动发展中深化中国理论研究。中国特色社会主义的蓬勃发展无疑为世界社会主义运动增添了生机和活力。新时代中国共产党自觉增强理论自信，必须站在世界社会主义运动的国际视野中，深入研究、科学把握世界社会主义运动的新形势、新变化，探索揭示中国特色社会主义理论在推动世界社会主义运动走向复兴的实践价值和积极意义。在世界社会主义运动复苏和重新兴起中解读中国的理论贡献，彰显理论自信。

二是推进"融通中外"的话语体系创新。新时代中国共产党自觉增强理论自信，要不断推进"融通中外"的话语体系创新，用能听得懂、听得进、听得信的话语讲好中国故事，传播中国声音，塑造中国形象，彰显中国自信。第一，要创新话语传播理念。对外话语体系建设涉及理念、体制、机制、人才、技术等诸多因素，其中，理念创新是最根本的问题。话语体系创新要反映人类共同的价值追求，既秉承中国的价值观念，又要兼顾国际社会的需要，构建既有中国特色又有全球视野的新时代话语体系；话语体系创新要反映中国特色社会主义理论的最新成果，要用习近平新时代中国特色社会主义思想去解疑释惑，让世界了解一个真实、客观和全面的中国；话语体系创新要体现大国形象和大国合作意识，以负责任大国的姿态和和平发展、合作共赢的理念进行对外话语传播，展现中国良好的大国形象；话语体系创新要反映平等交流的理念，要让话语传播主体和受众主体处于平等的位置上，在共振共鸣中实现话语传播效果的最大化。第二，要创新话语传播机制。推动"融通中外"的话语体系创新是一个复杂的系统工程，需要多方面统筹规划、同步发力，要汇聚各方力量，加强软硬件设施建设，提供全方位保障。首先，要加强队伍建设，打造一支高素质的话语传播队伍，特别是培养一批具有国际影响力的"意见领袖"人才，不断提高专业人才的政治素质和专业水平，发挥专业人才队伍在对外传播工作中的积极作用。其次，重视解决好翻译工作，加强翻译类的外语教学和科研水平。更好地通过别国语言讲好中国故事、传递中国声音。最后，加强媒体融合，创新传播手段。实现传统媒体与新媒体、国内媒体与国际媒体、传播内容与现代技术的深度融合，不断增强对外话语的亲和力和感染力。第三，要创新话语宣传平台。发挥首脑外交作用，打造外交宣传平台，充分利用首脑外交来宣传中国道路、中国理念和中国方案，让世界了解中国，让中国走向世界；加强智库建设，打造智库品牌。受众在哪里，阵地就在哪里，我们的主攻方向就要转向哪里，话语是思想的外化，智库是思想的工厂。要把加强智库建设作为提升对外话语权的重要途径，发挥国家高端智库的作用，努力在对外传播上实现突破。

三是加强习近平新时代中国特色社会主义思想海外传播。新时代中国共产党自觉增强理论自信，必须加强新思想的海外传播，让世界了解中国、了解中国共产党，在国际社会的关注和认可中自觉增强理论自信。第一，充分认识加强新思想海外传播的重要意义。新思想深刻回答了新时代中国"举什么旗、走什么路"，深入思考了"世界怎么了、我们怎么办"，既具有鲜明的中国特色又具有深厚的世界情怀。加强新思想的海外传播有助于中国共产党执政理念的展示，执政理念的传播让外国民众了解中国社会，了解中国共产党。使中国共产党的执政理念得到越来越多外国民众的支持和理解，加强新思想的海外传播，有助于国际社会认识、了解和读懂中国。从新思想的理论渊源和实践基础去解读新思想、宣传新思想，向世界展示新时代中国的发展变化，使国际社会更加全面、更加深入、更加系统地了解中国、认识中国、读懂中国；加强新思想的海外传播有助于发展中国家的学习和借鉴，新思想具有强烈的现实针对性和理论指导性，其既有对中国道路的探索，也有对中国奇迹的诠释，还有对人类面临的共同问题的解答。推进新思想海外传播，向国际社会贡献中国智慧、分享中国方案、推介中国经验，有助于其他国家学习借鉴，解决自身发展问题。第二，要做好新思想海外传播的顶层设计和组织管理，成立习近平新时代中国特色社会主义思想海外传播的管理组织，设立专门的负责对外宣传工作的领导小组，进行海外宣传的顶层设计和宏观管理；要加强新思想海外传播媒体的组织协调，明确各部门职责和分工，明确宣传范围、方式和途径等，确保对外宣传无真空，实现对外宣传全覆盖；要制定新思想海外传播的规章制度，对宣传什么、怎样宣传，谁来宣传、向谁宣传，以什么为依据进行宣传，如何检验宣传成效，如何应对宣传中可能出现的问题等，都要有明确的规定，确保对外宣传有序进行；要科学制定国外媒体污蔑中国、丑化中国的应对策略，对于部分外国媒体对中国公开进行诋毁、攻击和污名化的做法，要敢于发声，敢于亮剑，予以回击。对在国际舞台上宣传中国理论的科学性、社会主义的优越性和中国共产党执政的独特优势进行整体规划和全面部署。第三，改进新思想海外传播方式方法，创新手段精准传播。要时刻保持清醒头脑，客观看待国外媒体"热炒中国""误读中国"两种倾向，加强海外传播针对性；要形成具有中国特色、中国风格、中国气派的话语体系，在国际舞台上真正展现"中国声音"；要掌握传播受众主体的心理和接受习惯，精准对接国际需求，精准对接传播对象，精准传递传播内容；要创新传播手段，采取多样化的传播方式，综合利用国际媒体以及各种国际学术交流活动等传播途径，扩大传播的受众主体群和覆盖范围。采取"走出去"和"请进来"相结合的传播方式，形成中国人和外国人同时传播新思想的良好局面。

四是破除西方话语霸权。话语霸权一直以来都是美国等西方国家用来保持资本主义优越性的重要手段，西方国家不仅凭借其强大的信息技术和现代传播体系来维护其话语霸权地位，而且还通过各种隐蔽性的话语包装、巧妙的传播方式来赢得话语优势，以此来消解我国主流意识形态话语。随着中国日益走近世界舞台中央，国际话语权的斗争也愈加激烈，西方国家通过话语霸权来施加政治影响的意图更加明显，手段也更加隐蔽。新时代中国共产党加强主流意识形态建设，自觉增强理论自信，必须高度重视西方话语霸权建构的新动向和新影响，积极寻求破除西方话语霸权的路径方法。破除西方话语霸权，主要要做到以下几点：第一，要增强对西方话语的批判性，破除对西方话语的迷信。没有批判就意味着没有人类文明的进步，批判性是马克思主义的基本精神，贯穿马克思主义的始终，成为马克思主义革命性和科学性的集中体现。鸦片战争以来残存的殖民文化心态，至今仍未彻底消除，仍有一些人"言必称西方"，用西方的话语和理论解释中国，全盘照抄照搬西方的概念范畴、话语体系，难以形成自己独立的话语体系。因而，必须坚持马克思主义在意识形态领域的指导地位，增强对西方话语的批判性，从心底破除对西方话语的迷信，树立起高度的理论自觉、理论自信。第二，要深入阐释

"中国理论"和"中国道路"，揭批西方话语霸权的本质和危害。在新中国成立70多年和改革开放40多年的时间里，破除了西方现代化模式的垄断和"苏联模式"的桎梏，完成了西方国家几百年所走过的发展历程，实现了从"站起来""富起来"到"强起来"的历史转变。特别是在改革开放的40多年中，中国从20世纪80年代到20世纪90年代初的"请进来"阶段开始，历经20世纪90年代后期的与世界"接轨"阶段，进入2001年加入世贸组织的"走出去"阶段至今，中国与西方的关系发生了深刻变化，总体来说，就是从"和谐"转为"冲突"。① 对此，西方社会延续冷战思维和国际政治经济旧秩序，炮制出"中国威胁论""唱衰中国论"等论调，利用话语霸权打压、遏制中国发展，打压"中国崛起"，否定"中国道路"，为此，要改善理论研究与宣传的顶层设计，加强统一领导和管理，集中力量对"人类命运共同体"理念、"一带一路"倡议、"五位一体"总布局等重要论断的深度解读和国际宣传，特别是对广大发展中国家发出"中国声音"，讲好"中国故事"。第三，要积极推进建立国际政治经济新秩序，提升中国国际话语权和话语影响力。要着力应对来自以美国为首的西方国家话语霸权输出中对中国的"抹黑"和"妖魔化"。例如，面对西方国家对中国发起的"一带一路"倡议被抹黑为"新殖民主义"，中国要坚定不移地扩大"一带一路"倡议平台的机制创新作用，继续强化与"一带一路"沿线国家的友好交流与合作，在合作共赢的红利效应中，持续释放中国在国际秩序创新中的话语权和影响力，以事实破解西方话语霸权；要着力应对近年来中国崛起中凸显的新问题，在涉及国家核心利益的重大问题上，要坚持有所作为，坚决捍卫国家利益。例如，在南海问题争端上，要发挥中国在地缘政治、大国外交、历史文化传统等方面的相对优势，处理好中国与美国、中国与东盟国家的关系博弈，和平解决南海问题，破解西方国家主导话语霸权。

---

① 郑永年.郑永年论中国：中国通往海洋文明之路［M］.北京：东方出版社，2018：181-182.

第六章　结论与展望

第一节　结论

本书通过对中国共产党理论自信的思想基础、实践成效、机遇与挑战及新时代增强理论自信的措施等问题的深入探讨和研究，得出以下结论。

一、新时代中国共产党自觉增强理论自信是决胜新时代的基本前提

新时代呼唤新使命，新时代要有新担当。新时代面临着新任务，要开启新征程。新时代是"强"起来的时代，中国共产党要带领广大人民群众建设社会主义现代化强国，实现中华民族伟大复兴。新时代是"活"起来的时代，中国共产党要带领广大人民群众继续坚持和发展中国特色社会主义，使世界社会主义运动展现充满活力的勃勃生机。新时代是"享"起来的时代，中国共产党要在带领广大人民群众实现国家富强、人民幸福的实践中，为世界人民提供可供借鉴的成功经验，让中国智慧和中国方案在世界范围内实现共享。中国共产党是中国特色社会主义事业的领导核心，是决胜新时代的领导力量。新时代赋予中国共产党以神圣的使命，新时代也对中国共产党提出了更高的要求。在世界格局变化多端，西方敌对势力亡我之心不死，各种意识形态渗透不断，各种社会思潮挑战不绝，各种改革实践问题凸显的情势下，中国共产党如何保持战略定力，排除各种干扰，自觉担当时代重任，一个基本的前提就是，中国共产党要有"敌军围困万千重，我自岿然不动"的坚定信心，把自觉增强理论自信同解决现实问题相结合，同马克思主义中国化、时代化、

大众化相结合，同立足中国及面向世界、面向现代化、面向未来相结合，真正把中国共产党建设成一个理想信念坚定、理论不断创新、理论自信不断增强的执政党，不断带领广大人民群众在中国特色社会主义理论的指导下奋勇前进，大有作为。

二、新时代中国共产党自觉增强理论自信是抵御西方理论霸权的内生力量

西方国家颠覆社会主义国家的战略之一即是推行西方理论霸权，如西方文化优越论、西方文明优越论已成为其推行理论霸权的惯用伎俩，他们毫不掩饰地把西方价值观视为"普世价值"，毫不掩饰地对别国价值观进行污蔑和拒斥，在这种西方理论霸权的影响下，西方话语体系似乎在中国有了一席之地，特别是一些学者会不自觉地把中国的学术研究和话语表达纳入西方的价值轨道，运用西方的研究范式、解读范式来介绍中国经验，传播中国声音，解读党的理论创新成果。中国共产党自觉增强理论自信，高高举起中国特色社会主义理论旗帜，这不仅是对西方理论霸权发起的政治宣言，摆出一种政治姿态，更是中国共产党扎根于中国沃土坚持以中国特色社会主义理论指导中国实践所积累的成功经验的生动体现。理论自信的增强在理论本身，也在理论之外。中国共产党理论自信的自觉增强既源于理论本身的科学性、真理性和价值性，也源于中国特色社会主义实践的成功印证。中国特色社会主义进入新时代，中国特色社会主义实现了新的理论创新——习近平新时代中国特色社会主义思想，这一党的重大理论创新正在引领新时代各个方面的创新，引领着新时代中国特色社会实践的深入开展，在世界范围内彰显出中国的大国智慧和理论魅力，赢得了国际社会的广泛认同。新时代中国共产党自觉增强理论自信为抵御西方理论霸权提供了内生动力。

三、新时代中国共产党自觉增强理论自信是实现"中国梦"的思想保障

实现中华民族伟大复兴是近代以来中华民族的伟大梦想，无数仁人志士

抛头颅、洒热血，为实现民族独立、人民解放、国家富强、民族振兴矢志不渝艰苦奋斗。自中国共产党成立以来，始终不忘初心、牢记使命，带领中国人民完成了新民主主义革命，实现了民族独立、人民解放，作出改革开放的伟大决策，实现了中华民族从站起来到富起来的伟大飞跃，这一系列成绩的取得都离不开科学理论的指导。理论的实现程度取决于理论对需求的满足程度。理论一经掌握群众，也能够转变成物质力量，推动实践的发展。中国经过改革开放40多年的发展，形成了邓小平理论、"三个代表"重要思想、科学发展观、习近平新时代中国特色社会主义思想这一系列的马克思主义中国化理论创新成果。这些理论创新成果凭借其深度的科学真理性、强大的理论解释力为中国特色社会主义事业提供了无比强大的实践指导力量，极大地丰富和发展了中国特色社会主义理论体系，这也成为我们理直气壮坚定理论自信的坚实基础和雄厚资本。理论自信为中国梦提供理论指引。要实现中华民族伟大复兴的中国梦，就要坚定对坚持中国特色社会主义的理论自信，坚信只有在中国特色社会主义这一科学理论的指导下，才能构筑团结奋斗的思想之基，才能实现思想上的统一、步调上的一致。在实现中华民族伟大复兴中国梦的伟大征程中，始终以社会主义现代化建设中的具体问题为中心，关注社会发展的现实需要以及广大人民群众的需求，从实践出发，强调理论创新，坚持中国化的马克思主义。总而言之，自觉增强理论自信能够为实现中国梦提供高屋建瓴的理论指导，确保实践沿着正确方向前行，是实现"中国梦"的思想保障。

四、中国共产党理论自信是一个与时俱进、不断发展的历史过程，必须紧跟时代的发展变化，不断地、自觉地增强理论自信

理论自信不是一蹴而就，更不是一劳永逸的，它是一个由不自信到自信、由自信到更加自信的过程。新时代赋予中国共产党以神圣的使命，新时代也对中国共产党提出了更高的要求。在世界格局变化多端，西方敌对势力亡我之心不死，各种意识形态渗透不断，各种社会思潮挑战不绝，各种改革实践问题凸显的情况下，中国共产党想保持战略定力、排除各种干扰、自觉担当时代重任，一个基本的前提就是，中国共产党要有坚定的信心，自觉增强理论自信，让中国特色社会主义大旗高高飘扬，这不仅是对西方理论霸权发起的政治宣言，摆出的一种政治姿态，更是中国共产党扎根于中国沃土，坚持以中国理论指导实践所积累的成功经验的生动体现。因此，新时代中国共产党自觉增强理论自信，必须把握时代的发展变化，将理论自信看成是一个动态变化的过程，并随着时代的发展，在与时俱进中自觉增强理论自信，真正把中国共产党建设成一个理想信念坚定、理论不断创新、理论自信不断增强的执政党，带领广大人民在中国特色社会主义理论的指导下奋勇前进，大有作为。

五、中国共产党自觉增强理论自信虽取得了显著的成就，但是不能故步自封，仍要客观认识所面临的困难和挑战，抓住增强理论自信的有利机遇

回首中国革命、建设和改革历程，我们选择科学的理论成立了中国共产党，树立理论自信建立了新中国，坚定理论自信建设中国，而今正在不断增强理论自信迈向现代化强国。中国共产党理论自信取得了显著的历史成就，但这并不意味着一路坦途、一帆风顺。新时代呼唤新使命，新时代要有新担当。新时代面临着新任务，要开启新征程。当今世界正经历百年之变，国际国内大局形势复杂，变化多端，面对复杂的世情、国情和党情，中国共产党作为执政党，要担当起时代重任，就必须客观认识自觉增强理论自信所面临的机遇和挑战，既要抓住难得的发展机遇，同时也要应对前所未有的挑战。不断进行自我革命，在新时代自觉增强理论自信，凝聚强大的精神力量。

六、中国共产党必须要把握自觉增强理论自信的基本原则和要求

中国共产党自觉增强理论自信，其责任主体是中国共产党，自信的理论指向是中国共产党所创立的中国特色社会主义理论，核心要求是自觉增强，其目标是要为中国人民谋幸福，为中华民族谋复兴。因此，中国共产党自觉增强理论自信的基本原则，即要坚持中国共产党的领导，发挥党总揽全

局、协调各方的核心作用，凝聚起增强理论自信的最广泛共识；坚持问题导向，思考中国社会主义革命和建设遇到的前所未有的新问题，提醒全党要加强理论学习，在解决问题中实现自我革命，在自我革命中树立理论的自觉自信；坚持人民主体向度，树立自觉增强理论自信是为了人民、依靠人民，同时要为人民服务的核心理念，这是中国共产党不断激发群众创造力，发挥群众力量，推动理论创新，自觉增强理论自信的坚实基础。同时，还要把握党自觉增强理论自信的基本要求，即要将增强理论自信与解决现实问题相结合，中国共产党必须直面现实问题，在发现问题、回应问题和解决问题中彰显理论的强大凝聚力和向心力；要将增强理论自信与马克思主义中国化、时代化、大众化相结合，使马克思主义适应中国国情、具有中国特色、体现中国特点，更好地为广大人民群众所了解、掌握和接受，进而不断增强对理论的认同、认可，进而增强理论自信；要将增强理论自信与立足中国与面向世界相结合，中国特色社会主义事业是在立足中国实际、面向世界、面向现代化、面向未来中展开的。指导这一事业的理论也必将结合中国实际，融入世界发展潮流。在立足中国、面向世界、面向现代化、面向未来中自觉增强理论自信。

第二节　创新点

本书围绕中国共产党理论自信问题展开，关注、回应了"理论自信"的诸多问题。

一、关注了新时代中国共产党自觉增强理论自信所面临的"理论他信""理论自负"之挑战

新时代中国共产党自觉增强理论自信问题是亟待关照的一个重大现实问题。学术界、理论界关于这一问题的研究成果，无疑为本书提供了一定的理论借鉴。但是，要客观深入地研究如何自觉增强理论自信，就要强化问题意识，关注自觉增强理论自信中的突出问题，主要表现为两个问题：一是西方中心论、优越论以及和平演变战略下的"理论他信"，以"言必称希腊"的姿态，对西方制度、价值体系、话语表达等，表现出崇拜和追随，或是套用西

方学术范式和话语，或是照搬西方社会形态来解读当代中国发展的重大理论与现实问题；二是对共产主义的长期性、艰巨性判断不足，超越中国正处于并将长期处于社会主义初级阶段这一现实国情的"理论自负"。上述两种错误倾向导致了马克思主义的"失语"或是"自言自语""自娱自乐"，在研究中被边缘化、泛化。针对新时代中国共产党自觉增强理论自信所面临的"理论他信""理论自负"的问题，研究分析了西方反华舆论的挑战，并梳理了增强理论自信面临的有利机遇，为解决新时代中国共产党自觉增强理论自信提供了理论关照。

二、回应了新时代中国共产党自觉增强理论自信面临的基本问题

党的十九大报告指出，中国特色社会主义进入了新时代，中国日益走近世界舞台的中央。中国共产党作为执政党，在带领中华民族实现伟大复兴的新征程中，面临着一系列"怎样坚持和发展中国特色社会主义"的实践大考，形成了新时代中国特色社会主义实践"问题集"。而中国共产党自觉增强理论自信问题，则是这一"问题集"中的基本问题，关涉当代中国马克思主义中国化的理论与实践，关系到中国共产党如何坚持"四个自信"，实现中华民族伟大复兴的中国梦；关系到中国共产党作为世界上最大的执政党，中国作为世界上最大的发展中国家，如何继续为人类和世界提供中国智慧和中国方案作出更大贡献；关系到国际共产主义运动历史进程中，如何处理好马克思主义中国化和中国马克思主义国际化的双向互动，继续坚持和发展马克思主义等重大理论与现实问题。基于理论与实践的双重需要，本书将中国共产党自觉增强理论自信作为研究选题，聚焦新时代中国共产党理论自信培育面临的问题与不足，从整体性探讨新时代中国共产党自觉增强理论自信的基本原则与应对策略。

三、探讨了中国共产党自觉增强理论自信的应对策略的整体性

从"西方之乱"的世界图景和"中国之治"的中国道路看中国共产党在中华民族伟大复兴进程中逐步实现中国崛起的过程，是摆脱西方现代化模式、

资本主义社会制度资本主导逻辑和西方文明优越论的新的伟大探索，是中国社会全面而深刻的历史变革。实践是理论发展创新的动力来源和唯一检验标准。新时代中国共产党自觉增强理论自信，既要处理当代中国社会和实践的特殊性，又要坚持和发展马克思主义真理的普遍性；既要解决新时代中国共产党自觉增强理论自信的未来战略问题，又要重视总结反思中国共产党自觉增强理论自信的历史经验。

围绕上述问题，形成了以下三个创新点。

（一）凝练出中国共产党理论自信的思想来源和理论基础

主要表现为马克思主义理论本身的科学性、人民性、实践性和开放性是中国共产党理论自信的思想基础。即马克思主义、列宁主义、中国特色社会主义理论体系及马克思主义中国化的最新成果——习近平新时代中国特色社会主义思想的科学性、基本立场的人民性、紧密联系中国实际的实践性以及创新发展的开放性。

（二）概括出中国共产党坚持理论自信的基本经验"四个始终"和面临的"三大"机遇及挑战

即始终坚持马克思主义的指导地位，始终把握社会主义的发展方向，始终植根于社会主义伟大实践，始终紧跟时代不断进行理论创新是中国共产党理论自信的基本经验。同时，面临着全球金融危机对西方价值观影响力的打击、中国奇迹增强了中国人的自信心、世界范围内社会主义运动的新发展"三大"机遇。面临着复杂多变的国内外环境、党的"执政、改革开放、市场经济、外部环境"的考验和"精神懈怠、能力不足、脱离群众、消极腐败"的危险、国内社会阶层利益固化和分化的"三大"挑战。

（三）提出新时代中国共产党增强理论自信的基本途径

主要包括加强理论自觉、认同和创新，努力构建中国特色哲学社会科学，从党的建设、文化自信、理论认同培育、实践支撑、国际影响这"五位一体"布局中形成增强理论自信的整体合力三个方面。

第三节　展望

回顾中国共产党成立百年的光辉历史，我们可以看出，中国共产党不忘初心，践行无产阶级政党的崇高使命，致力于中华民族伟大复兴中国梦，为中华民族谋复兴，为中国人民谋幸福。在中国日益走近世界舞台中央，不断为人类作出更大贡献的同时，中国共产党增强理论自信的主体自觉性也在不断增强，运用马克思主义基本原理解决当代中国理论与实践问题的能力也在不断提升，这是中国共产党自觉增强理论自信的出发点和归宿。

但是，值得指出的是，中国共产党自觉增强理论自信，不仅需要坚持中国特色社会主义"风景这边独好"的理想信念，还必须以强烈的问题意识，勇于并善于破解对马克思主义的误读和遮蔽。一是要反对夸大强调中国国情的特殊性错误倾向，避免对当代中国实践与理论重大问题的特殊性作出"过度诠释"；二是要反对泛化、忽视中国国情特殊性的错误倾向，避免将马克思主义桎梏在抽象理论的普遍性层面。

中国共产党只有将马克思主义的普遍性与特殊性统一起来，才能在深刻把握中国特色社会主义新时代的主要矛盾和社会主义初级阶段基本国情的基础上，在回答和续写"中国共产党为什么能""马克思主义为什么行"和"中国特色社会主义为什么好"的新时代中国特色社会主义的伟大实践中，不断增强中国共产党的理论自信。这也是今后围绕本研究进一步展开探讨的基础和重要实践方向。

参考文献

［1］中共中央马克思恩格斯列宁斯大林著作编译局．马克思恩格斯文集：第 1~10 卷［M］．北京：人民出版社，2009．

［2］中共中央马克思恩格斯列宁斯大林著作编译局．马克思恩格斯选集：第 1~4 卷［M］．北京：人民出版社，2012．

［3］中共中央马克思恩格斯列宁斯大林著作编译局．马克思恩格斯全集：第 20 卷［M］．北京：人民出版社，1971．

［4］中共中央马克思恩格斯列宁斯大林著作编译局．列宁选集：第 1~4 卷［M］．北京：人民出版社，2012．

［5］中共中央马克思恩格斯列宁斯大林著作编译局．列宁全集：第 6 卷［M］．北京：人民出版社，1986．

［6］中共中央马克思恩格斯列宁斯大林著作编译局．斯大林选集：上［M］．北京：人民出版社，1979．

［7］毛泽东．毛泽东选集：第 1~4 卷［M］．北京：人民出版社，1991．

［8］中共中央文献研究室．毛泽东文集：第 2 卷［M］．北京：人民出版社，1993．

［9］中共中央文献研究室．毛泽东文集：第 3 卷［M］．北京：人民出版社，1996．

［10］中共中央文献研究室．毛泽东文集：第 7~8 卷［M］．北京：人民出版社，1999．

［11］邓小平．邓小平文选：第 1~2 卷［M］．北京：人民出版社，1994．

［12］邓小平．邓小平文选：第 3 卷［M］．北京：人民出版社，1993．

［13］江泽民．江泽民文选：第 1~3 卷［M］．北京：人民出版社，2006．

［14］胡锦涛.胡锦涛文选：第1~3卷［M］.北京：人民出版社，2016.

［15］中国李大钊研究会.李大钊全集：第2卷［M］.北京：人民出版社，2013.

［16］习近平.习近平谈治国理政：第1卷［M］.北京：外文出版社，2018.

［17］习近平.习近平谈治国理政：第2卷［M］.北京：外文出版社，2017.

［18］中共中央文献研究室.十六大以来重要文献选编：上［M］.北京：中央文献出版社，2005.

［19］中共中央文献研究室.十六大以来重要文献选编：中［M］.北京：中央文献出版社，2006.

［20］中共中央文献研究室.十六大以来重要文献选编：下［M］.北京：中央文献出版社，2008.

［21］中共中央文献研究室.十七大以来重要文献选编：上［M］.北京：中央文献出版社，2009.

［22］中共中央文献研究室.十七大以来重要文献选编：中［M］.北京：中央文献出版社，2011.

［23］中共中央文献研究室.十七大以来重要文献选编：下［M］.北京：中央文献出版社，2013.

［24］中共中央文献研究室.十八大以来重要文献选编：上［M］.北京：中央文献出版社，2014.

［25］中共中央文献研究室.十八大以来重要文献选编：中［M］.北京：中央文献出版社，2016.

［26］中共中央宣传部.习近平新时代中国特色社会主义思想学习纲要［M］.北京：学习出版社，2019.

［27］习近平.庆祝改革开放40周年大会上的讲话［M］.北京：人民出版社，2018.

［28］习近平.在全国民族团结进步表彰大会上的讲话［M］.北京：人民出版社，2019.

［29］习近平.在庆祝中华人民共和国成立 70 周年大会上的讲话［M］.北京：人民出版社，2019.

［30］习近平.在纪念马克思诞辰 200 周年大会上的讲话［M］.北京：人民出版社，2018.

［31］中共中央文献研究室.毛泽东书信选集［M］.北京：中央文献出版社，2016.

［32］李慎明.世界社会主义跟踪研究报告：且听低谷新潮声（之八）［M］.北京：社会科学文献出版社，2012.

［33］潘金娥.越南政治经济与中越关系前沿［M］.北京：社会科学文献出版社，2011.

［34］纳波利奥尼.中国道路［M］.孙豫宁，译.北京：中信出版社，2013.

［35］约翰·奈斯比特，多丽丝·奈比斯特.中国大趋势：新社会的八大支柱［M］.魏平，译.北京：中华工商联合出版社，2009.

［36］基辛格.论中国［M］.胡利平，林华，杨韵琴，等译.北京：中信出版社，2012.

［37］艾什，沈大伟，高木诚一郎.中国观察：欧洲、日本与美国的视角［M］.黄彦杰，译.杭州：浙江人民出版社，2013.

［38］莫兰.反思欧洲［M］.康征，齐小曼，译.北京：生活·读书·新知三联书店，2005.

［39］亨廷顿.文明的冲突与世界秩序的重建［M］.周琪，刘绯，张立平，等译.北京：新华出版社，2009.

［40］奈.美国注定领导世界？：美国权力性质的变迁［M］.刘华，译.北京：中国人民大学出版社，2012.

［41］美国国家情报委员会.全球趋势 2030：变换的世界［M］.中国现代国际关系研究院美国研究所，译.北京：时事出版社，2013.

［42］奈.软实力［M］.马娟娟，译.北京：中信出版社，2013.

［43］加尔通.美帝国的崩溃：过去、现在与未来［M］.阮岳湘，译.北京：人民出版社，2013.

［44］姚桓.新时期党建研究论集［M］.北京：人民出版社，2017.

［45］郑永年.郑永年论中国：中国通往海洋文明之路［M］.北京：东方出版社，2018.

［46］陶德麟.当代中国马克思主义若干重大理论与现实问题［M］.北京：人民出版社，2012.

［47］朱峻峰.理论自信十讲［M］.北京：人民日报出版社，2013.

［48］费孝通.文化与文化自觉［M］.北京：群言出版社，2010.

［49］玛雅.理论自信：世界新秩序的中国思想贡献［M］.北京：外文出版社，2015.

［50］陈先达.文化自信与中华民族伟大复兴［M］.北京：人民出版社，2017.

［51］侯玉波.社会心理学［M］.3 版.北京：北京大学出版社，2013.

［52］中共中央党史研究室.中国共产党历史：第 1–2 卷［M］.北京：中共党史出版社，2011.

［53］张静如，柳建辉.全面建设小康社会［M］.北京：人民出版社，2011.

［54］谢春涛.历史的轨迹：中国共产党为什么能［M］.北京：新世界出版社，2012.

［55］石仲泉.中国共产党与马克思主义中国化［M］.北京：中国人民大学出版社，2011.

［56］罗平汉，卢毅，赵鹏.中共党史重大争议问题研究［M］.北京：人民出版社，2013.

［57］王浩斌.中国共产党成立以来党的理论创新与历史经验研究［M］.北京：中国社会科学出版社，2014.

［58］秦宣.为什么要坚持中国特色社会主义道路［M］.北京：中国人民大学出版社，2013.

［59］秦宣.中国特色社会主义史：上下册［M］.北京：高等教育出版社，2009.

［60］徐大同.西方政治思想史［M］.天津：天津教育出版社，2000.

［61］陈先达.文化自信中的传统与当代［M］.北京：北京师范大学出版社，2017.

［62］陈晋.中国道路与文化自信［M］.北京：学习出版社，2019.

［63］张维为.中国震撼三部曲：中国震撼·中国触动·中国超越［M］.上海：上海人民出版社，2016.

［64］郑永年.危机或重生？全球化时代的中国命运［M］.杭州：浙江人民出版社，2013.

［65］董振华，等.中国道路的成功密码［M］.北京：北京联合出版公司，2018.

［66］李泽厚.中国近代思想史论［M］.北京：生活·读书·新知三联书店，2008.

［67］俞吾金.意识形态论［M］.北京：人民出版社，2009.

［68］梁漱溟.中国文化的命运［M］.北京：中信出版社，2013.

［69］张维为.中国人，你要自信［M］.北京：中信出版社，2017.

［70］马云志.坚定中国特色社会主义的"四个自信"［M］.北京：人民出版社，2017.

［71］陈先达.理论自信：做坚定的马克思主义信仰者［M］.长春：吉林人民出版社，2016.

［72］任志刚.为什么是中国？［M］.北京：台海出版社，2015.

［73］徐艳玲.全球化与中国特色社会主义自信［M］.北京：学习出版社，2017.

［74］曼海姆.意识形态与乌托邦［M］.黎鸣，李书崇，译.上海：上海三联书店，2011.

［75］麦德维杰夫.苏联的最后一年［M］.王晓玉，姚强，译.北京：社会科学文献出版社，2013.

［76］雷日科夫.大国悲剧：苏联解体的前因后果［M］.徐昌翰，等译.北京：新华出版社，2010.

［77］托克维尔.论美国的民主［M］.曹冬雪，译.南京：译林出版社，2012.

［78］韩庆祥，黄相怀，等．中国道路能为世界贡献什么［M］．北京：中国人民大学出版社，2018.

［79］马特尔．主流：谁将打赢全球文化战争［M］．刘成富，等译．北京：商务印书馆，2012.

［80］张占斌．探求中国道路密码［M］．北京：社会科学文献出版社，2019.

［81］卢梭．社会契约论［M］．李平沤，译．北京：商务印书馆，2011.

［82］侯惠勤．马克思的意识形态批判与当代中国［M］．北京：中国社会科学出版社，2010.

［83］怀特海．观念的冒险［M］．周邦宪，译．北京：人民出版社，2011.

［84］侯惠勤．中国道路和中国模式［M］．北京：社会科学文献出版社，2015.

［85］贝尔．资本主义文化矛盾［M］．严蓓雯，译．南京：江苏人民出版社，2012.

［86］张维为．这就是中国：走向世界的力量［M］．上海：上海人民出版社，2019.

［87］巴尔．中国软实力：谁在害怕中国［M］．石竹芳，译．北京：中信出版社，2013.

［88］张维为．文明型国家［M］．上海：上海人民出版社，2017.

［89］戴立兴，李琪，张亚娟．坚定"四个自信"［M］．北京：人民日报出版社，2019.

后　记

习近平总书记在庆祝中国共产党成立100周年大会讲话中指出："中国共产党为什么能，中国特色社会主义为什么好，归根到底是因为马克思主义行！"① 党的百年奋斗史充分展示了马克思主义理论的强大生命力，也更加坚定了中国共产党的理论自信！本书以新时代中国共产党的理论自信问题为研究视角，沿着提出问题、界定问题、分析问题、解决问题的逻辑结构展开，坚持论从史出的原则，按照历史演进的逻辑，深入探究中国共产党理论自信的历史经验；坚持论从实出的原则，按照理论源于实践的逻辑，系统总结中国共产党理论自信的现实基础；坚持自信源于自觉的原则，按照理论自身演进和理论掌握群众的基本规律，深入探究新时代中国共产党增强理论自信的有效路径。以期为新时代党的建设研究提供一个新的视角，启发学者从不同的角度思考和探究党的建设问题。

本书是在博士论文的基础上撰写完成的，本书的顺利付梓，要感谢我的两位导师徐成芳教授和胡月教授，从书稿的选题到框架的拟定再到书稿的撰写，每一环节都得到了两位老师的悉心指导和帮助，为我开展学术研究提供了新的视角和见解。还要特别感谢我的家人对我的支持和鼓励，陪伴我战胜各种困难，与我一起分享学术探索的成长和收获。本书的顺利出版，还得益于出版社的编辑同志们，他们为本书进行排版、校对，付出了辛勤的劳动，在此一并表示感谢！

---

① 习近平. 在庆祝中国共产党成立100周年大会上的讲话［M］. 北京：人民出版社，2021：13.

全书共分六章，由孙洪波独立完成。由于本人的能力和学术水平有限，书中难免存在着许多错讹和不足之处，恳请各位专家和学者批评指正！

孙洪波

2022年1月于辽宁沈阳